VOCÊ ESTÁ AQUI
(POR ENQUANTO)

CB022041

ADAM J. KURTZ

VOCÊ ESTÁ AQUI (POR ENQUANTO)

Um guia para encontrar seu caminho

TRADUÇÃO
LÍGIA AZEVEDO

Copyright © 2021 by Adam J. Kurtz

Todos os direitos reservados, inclusive o de reprodução total ou parcial, em qualquer meio.

O selo Fontanar foi licenciado para a Editora Schwarcz S.A.

Grafia atualizada segundo o Acordo Ortográfico da Língua Portuguesa de 1990, que entrou em vigor no Brasil em 2009.

TÍTULO ORIGINAL You are Here (For Now)

CAPA Adam J. Kurtz

PREPARAÇÃO Silvia Massimini Felix

REVISÃO Ana Maria Barbosa e Adriana Bairrada

Dados Internacionais de Catalogação na Publicação (CIP)
(Câmara Brasileira do Livro, SP, Brasil)

Kurtz, Adam J.
    Você está aqui (por enquanto) / Adam J. Kurtz ; tradução Lígia Azevedo. — 1ª ed. — São Paulo : Fontanar, 2022.

    Título original: You are Here (For Now).
    ISBN 978-65-84954-03-8

    1. Autoajuda – Técnicas 2. Autorrealização (Psicologia) 3. Felicidade 4. Self (Psicologia) I. Título.

22-128254   CDD-155.2

Índice para catálogo sistemático:
1. Self : Psicologia   155.2

Cibele Maria Dias – Bibliotecária – CRB-8/9427

[2022]
Todos os direitos desta edição reservados à
EDITORA SCHWARCZ S.A.
Rua Bandeira Paulista, 702, cj. 32
04532-002 — São Paulo — SP
Telefone: (11) 3707-3500
facebook.com/Fontanar.br
instagram.com/editorafontanar

PARA VOCÊ.
PARA AGORA.
PARA SEMPRE.

SUMÁRIO

Introdução	1
O momento certo é tudo	21
Tudo bem não saber	24
As respostas	28
Estar sempre ocupado não é um traço de personalidade	45
Não é uma competição	49
O fracasso não passa de uma pesquisa, a menos que você nunca mais tente	69
Ninguém está esperando que você estrague tudo	75
Você (provavelmente) consegue	91
Nunca se esqueça dessa uma coisa	109
As más notícias voam	131
A felicidade é (mais ou menos) uma escolha	135
O amor é real	155
Sou uma ferramenta ou uma arma completamente livre, o que é assustador	173
Meus mecanismos de enfrentamento são meus gatilhos, mas aqui estão eles, de qualquer maneira	180
Algumas pessoas pensam em morrer de vez em quando ☺	209
Razões para continuar vivo	213
O que vem depois da sobrevivência?	218
Encontrando o seu caminho	237
O que você está esperando?	239
Agradecimentos	259

VOCÊ SÓ TEM UMA VIDA, E ELA JÁ COMEÇOU, MAS CABE A VOCÊ DECIDIR QUE DIREÇÃO SEGUIR.

→

INTRODUÇÃO

Durante muito tempo, fui uma pessoa concentrada em superar as dificuldades. Quando você está atravessando um momento difícil, processando emoções ou desafios complicados, manter o foco em não afundar faz total sentido. Nem sempre é uma coisa fácil, mas o plano em si é bastante simples. "Não morra." Então tá. "Não desista." Boa ideia. "Vai melhorar." É o que dizem.

Na minha própria experiência, a maior parte dos bons conselhos está embasada no mesmo conceito: "Aguente firme, meu bem", porque "vai passar".

Aqui você não vai encontrar conselhos de um especialista dizendo como você deve viver. No máximo, vai me ver tentando explicar que nunca soube o que esperar da vida e, embora tenha conseguido superar meus objetivos um tanto modestos, ainda continuo aprendendo as coisas no caminho. Administrando minhas expectativas, me mantendo fiel às minhas verdades essenciais, encontrando esperança na possibilidade e graça na escuridão, descobri uma maneira de ficar bem. Algumas pessoas dizem que sonhavam com algo desde muito jovens, que não aceitaram um "não" como resposta, que botaram tudo para fora e agora são do tipo que fala "Acredite em si mesmo!"

dando a impressão de que sabem exatamente para onde estão indo. Não me sinto uma dessas pessoas. Tudo o que faço na vida é tentar superar os pedaços que não amo e desfrutar dos pedaços que amo, porque sei que nem os primeiros nem os últimos duram para sempre.

Parte do que faz as coisas melhorarem com o tempo é o fato de que também melhoramos. Crescemos e nos tornamos nós mesmos. Aprimoramos nossas habilidades. Aprendemos a aceitar quem somos e encontramos força na nossa identidade. Grande parte do meu "problema" sempre foi ser alguém ao mesmo tempo escandaloso e tímido, que não sabe esconder suas emoções. Do tipo "me nota… espera, melhor não". E então, quando notam, o que é inevitável, a forma como me sinto a respeito de determinada situação fica escancarada. Com o tempo, sem ter outra opção, aceitei isso e tentei fazer com que funcionasse para mim.

Esperar que as coisas melhorem faz parte de estar vivo. O tempo realmente cura muitas feridas. Mas não faz esse trabalho sozinho. Por mais que eu quisesse que o tempo fosse um luxo disponível para todos, ele nem sempre é. Às vezes, a oportunidade que esperamos surge antes de estarmos totalmente preparados para ela. E pode não surgir de novo. Por isso você deve viver todos os dias como se fosse morrer? De jeito nenhum. É extenuante. E repetitivo, porque, como sabemos, estamos sempre cada vez mais perto da nossa morte. Uma vida em turbilhão não é vida, e, não importa quantas tentativas de encontrar o look perfeito ou passar uma virada de ano perfeita, fotos produzidas ou balões metalizados em forma de números são incapazes de transformar um momento em uma lembrança perfeita.

É preciso haver equilíbrio. Entre esperar e se preparar. Entre o crescimento e o descanso. Entre viver e fazer uma espécie de curadoria. Você pode acumular energia e protegê-la ao mesmo tempo. Pode pesquisar e treinar, mesmo reconhecendo que não dá para saber como vai ser de verdade até experimentar. Talvez você não tenha um plano, mas pode planejar com antecedência. O papel mais importante que desempenhará na vida talvez só seja revelado momentos antes. Enquanto isso, é bom se manter aberto e aprender algo com cada experiência ao longo do caminho. Reconheça que você tem e não tem muito tempo, depois procure não pensar a respeito. TUDO VAI FICAR BEM EM BREVE, AGUENTE FIRME E NÃO SE PREOCUPE DEMAIS.

Eu adoraria que todos recebêssemos as mesmas peças, na mesma ordem, e tivéssemos tempo ilimitado para organizá-las. Gostaria imensamente de poder lhe oferecer a peça que está faltando para você. Às vezes, um conselho é quase isto: quando outra pessoa acredita ter uma visão cristalina do seu quebra-cabeça e quer desesperadamente dar a você a resposta que funcionou para ela. Mas a vida é estranha. Somos iguais, porém diferentes. As coisas são imprevisíveis. Existem padrões, contudo, se fosse uma receita de bolo, diríamos que os ingredientes são "a gosto", de modo que conselhos podem ajudar, mas não são nenhuma garantia. Se não lhe explicarem exatamente o que fazer, será uma questão de tentativa e erro. E, mesmo que você siga as instruções com exatidão, pode descobrir que seu gosto é diferente. De qualquer maneira, é muita coisa para levar em conta, e talvez você acabe chegando à conclusão de que sua vida deveria ser uma torta, e não um bolo.

Mesmo se você for extremamente paciente e não fizer muita coisa, a mudança acontece. Devagar, transformações graduais na cultura podem causar um impacto positivo na nossa vida. "Aguente firme" às vezes funciona. Mas, se quiser começar com uma vantagem — seja porque é impaciente, precisa de prática ou sente que o tempo está passando —, é possível que tenha que promover essa mudança pessoalmente. Você pode manter o fogo baixo, claro, mas, se não aumentar a temperatura em algum momento, as beiradas vão ficar moles. É possível mudar seu mundo inteiro alterando os ingredientes e o "como fazer" do que quer que tenha decidido que vai ser o seu futuro.

Este é um mundo grande, e você vai passar bastante tempo nele. Alguns têm cem anos, outros trinta: em ambos os casos, essa vai ser toda a sua vida, sem nenhum intervalo. Às vezes, esperar que as coisas melhorem é tudo o que conseguimos fazer. Mas o tempo continua passando. Caso se sinta confortável demais nessa situação, aguarde demais, seja exigente demais, à espera de variáveis perfeitas e seu eu mais confiante e seguro, disposto a encarar apenas aquilo para o qual está totalmente preparado, pode acabar gastando mais tempo do que o planejado. Voltando à metáfora do bolo, vai passar tempo demais no forno e queimar. E então terá que raspar as beiradas com cuidado ou usar cobertura para esconder tudo, esperando que ninguém note.

A boa notícia é que provavelmente não vão mesmo notar. Passamos tempo demais preocupados com o que os outros estão pensando, com medo de que percebam que estamos surtando por dentro, que nos sentimos despreparados, que não sabemos do que estamos falando. Só que na maior parte do tempo os outros estão tão ocupados com uma combinação das mesmas aflições que não têm tempo de prestar atenção em alguém que acabaram de conhecer e que disse "Valeu, você também!" depois de ouvir "Espero que goste do café". Se você se safou dessa é porque nem tinha do que se safar. Todo mundo é inadequado. Todo mundo tem medo. Todo mundo vai morrer um dia. Todo mundo só quer fazer amigos e ter boas lembranças antes que isso aconteça. Todo mundo está tentando entender as coisas.

Só se tem uma vida, e é você quem decide como vivê-la. Talvez queira se concentrar em viagens e descobertas. Talvez se dedique a causar um impacto social. Talvez se esforce para inovar, seja por pura curiosidade ou porque quer ficar rico, ou ambos. Talvez você esteja atrás de fama (como um conceito geral) ou reconhecimento (como resultado de grandes conquistas em sua área). Você é diferente de mim, e sua motivação interna será pessoal.

Suas experiências moldaram você até agora, possibilitando que se tornasse exatamente quem precisava ser para encarar os desafios que se apresentam, de uma maneira como só você é capaz. Talvez não se sinta pronto. Talvez erre. Talvez acerte e cinco anos depois veja claramente que havia outro caminho, o qual ignorou por completo. Mas a inércia também é uma ação. De qualquer maneira, você está avançando. Todos os caminhos levam a algum lugar, e tudo o que podemos esperar da vida é uma longa e bela jornada, rumo ao mesmo beco sem saída, e meio que é disso que se trata.

Este livro pode ser um guia, um lembrete ou uma sugestão no momento certo. Leia na ordem que quiser (embora o tom vá ficando mais pessoal à medida que nos conhecermos melhor). Escolha uma frase para guardar para sempre ou esquecer imediatamente. Viaje nas ilustrações e reflita sobre como você se desenvolveu até se tornar quem é. Inspire e expire, sem parar. Arranque uma página de que goste muito. É só papel. O livro é seu.

O passado ficou para atrás e o futuro está chegando. Você está aqui.*

* Por enquanto.

VOCÊ PODE TENTAR ORGANIZAR A SUA EXPERIÊNCIA, MAS NÃO TEM COMO CONTROLAR O TEMPO EM SI.

PROCURE DESFRUTAR DOS MOMENTOS DE TRANQUILIDADE QUANDO ELES SURGIREM.

A ESPERA É PARTE DO PROCESSO.

COISAS INESPERADAS VÃO ACONTECER, E VOCÊ PODE SOFRER O IMPACTO DELAS SEM ESTAR PREPARADO O BASTANTE.

* NA VERDADE, É MULTÍSSIMO PROVÁVEL QUE ISSO ACONTEÇA.

TALVEZ VOCÊ SEJA FORÇADO A SE ADAPTAR À NOVA REALIDADE, AINDA QUE TUDO TENHA SE ALTERADO DE MANEIRA FUNDAMENTAL.

A TENDÊNCIA É QUERER "VOLTAR AO NORMAL", MAS ESSA ADAPTAÇÃO CONSTANTE <u>É</u> NORMAL.

TALVEZ VOCÊ PERCEBA
QUE PARA SEGUIR EM
FRENTE É PRECISO
ABANDONAR OUTRAS
PARTES DE QUEM VOCÊ
PENSAVA QUE ERA OU
O QUE CONSIDERAVA
IMPORTANTE — ABRIR
ESPAÇO PARA NOVAS
INFORMAÇÕES OU
IDENTIDADES.

EMBORA SEJA VERDADE QUE VOCÊ NÃO TEM TODO O TEMPO DO MUNDO, VOCÊ TEM TODO O SEU TEMPO NO MUNDO.

VOCÊ TEM LITERALMENTE SUA VIDA INTEIRA PARA ESTAR CONSIGO MESMO, PARA SE ADAPTAR E ATINGIR SEUS OBJETIVOS.

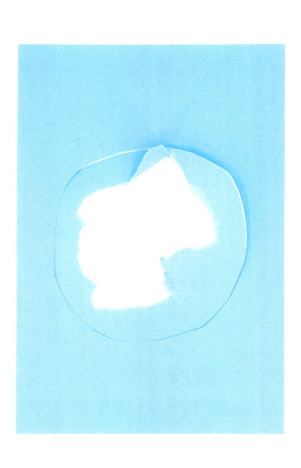

VAI SER PRECISO SE ADAPTAR. VOCÊ TERÁ QUE ABRIR MÃO DE BASTANTE COISA. PODE PARECER ASSUSTADOR IR LÁ E FAZER ACONTECER, MAS ISSO VAI TORNAR VOCÊ UMA VERSÃO DE SI MESMO COM QUEM VOCÊ VAI GOSTAR DE CONVIVER. CARREGUE MENOS PESO: SUAS CICATRIZES SERVIRÃO DE RECORDAÇÃO DAS LIÇÕES APRENDIDAS NO PROCESSO.

VOCÊ ESTÁ
AQUI

(POR ENQUANTO)

O MOMENTO CERTO É TUDO

Às vezes você tem todas as peças, faz tudo certo, está totalmente preparado e ainda assim as coisas parecem não acontecer. Infelizmente, você vai precisar ter paciência.

Todos adoram atribuir o sucesso ao trabalho duro, que é uma parte importante dele. A maioria das coisas não acontece por acidente: é resultado de esforço. Mas muito depende do momento, de estar no lugar certo na hora certa, de estar bem posicionado para uma oportunidade, de se conectar com outra pessoa no momento perfeito na vida dela também.

Como alguém que procura sempre ter um plano e saber o que está acontecendo, entendo que essa história de momento certo pode ser difícil de aceitar. Considero a pontualidade uma coisa muito importante, mesmo quando não se trata de algo sério. Se marco uma festa às 20 horas, às 19h55 já estou olhando pela janela e me perguntando onde estão os convidados. Preciso me lembrar de que os outros não costumam chegar no horário marcado e de que em muitas situações é melhor se atrasar um pouco se não quiser parecer ansioso demais ou até mesmo mal-educado. Sou o tipo de cara que, mesmo sem motivo nenhum, anda depressa o bastante para que os outros achem que sei aonde estou indo. Isso faz com que eu muitas vezes passe a impressão de confiança ou de estar à vontade, a ponto de, por um tempo, eu não conseguir fazer compras em uma Urban Outfitters sem que alguém me perguntasse onde ficavam os provadores (no andar de cima). Tudo isso para dizer que, para mim, tempo é importante, mesmo que não seja para todos os outros envolvidos.

Um relacionamento também depende do momento certo. Quantos de nós já não estivemos "prontos para um relacionamento", nos expusemos, fizemos nosso melhor para nos mostrar disponíveis, conhecemos alguém, achamos que estava indo tudo bem e, então, de repente… não estava. "Não é você, sou eu", a outra pessoa diz. "Você é ótimo, mas não está dando certo." E não há nada que você possa fazer. Toda conexão, seja na esfera do romance, dos negócios ou da amizade, se resume a pessoas se encontrando em um momento específico da vida, quando estão prontas, abertas e já passaram pelas experiências necessárias para conduzir a esta aqui, neste momento preciso, juntas, para fazê-la durar.

É difícil ter paciência, ainda mais quando não se tem certeza do que se está esperando. Você já se sentiu pronto para o próximo passo sem saber exatamente qual era? Já sentiu saudade de um lugar onde nunca esteve? Uma vontade profunda de ser uma versão de si mesmo que nunca existiu, mas que parece possível em algum momento? Já desejou um eu futuro mais tranquilo, controlado, maduro, tão palpável que seu peito chegou a doer e você teve vontade de deixar seu próprio corpo para que sua alma (ou o que quer que seja) fosse atrás dele? Ou isso só aconteceu comigo?

Eu adoraria dizer que, em algum momento, os seus sonhos vão se tornar realidade e você vai alcançar tudo aquilo que esperava, mas isso pode não acontecer! Seu destino muda porque nunca foi um lugar. Seu sonho se torna realidade, mas antes se modifica. A vida lhe diz quem você é e o que você quer, de modo que o Eu Passado que sonhou com um Eu Futuro não tinha como acertar os detalhes, porque eles ainda não haviam se materializado. Você não tinha como estabelecer metas, planejar ou trabalhar pela versão exata do que achava que queria porque não sabia que saberia o que sabe agora. Mas você precisa acreditar que, uma hora, a vida vai se encarregar de deixar tudo às claras. Talvez não seja como você imaginava, mas será o certo para o momento.

TUDO BEM NÃO SABER

Sendo eu uma pessoa que se sustentou sozinha e sobreviveu até aqui, seria de imaginar que tivesse mais controle sobre as coisas. Tanto em relação ao que eu faço (neste momento e no futuro), a como faço (as ferramentas do negócio, mas também um plano mais amplo) e aonde vou (criando um lar e estabelecendo objetivos profissionais). Mas, sinceramente, não é o caso. Fiz o que parecia que esperavam de mim na época (terminar a escola, me formar em um curso universitário mais "prático") e entrei na vida real aos vinte anos esperando que minha vida estivesse mapeada para mim, quando é claro que não estava.

Uma das primeiras coisas que fiz aos vinte e poucos anos foi FICAR BEM TRISTE E ASSUSTADO, o que não recomendo necessariamente a você quando começar essa jornada, mas entendo que pode já estar na sua lista de afazeres (ganha um prêmio quem estiver triste e assustado agora mesmo). Não foi cem por cento culpa minha, mas passei por vários dramas em pouco tempo. Se você puder evitar, não sofra um acidente de carro e um assalto à mão armada no mesmo mês.

Em determinado momento, aceitei o fato de que a vida é surpreendente. Você vai viajar no fim de semana e bate o carro de um amigo. Está indo a pé para o trabalho, ouvindo Rihanna, e dois caras encostam uma arma na sua nuca e roubam o seu iPod cor-de-rosa (eram outros tempos). Nem tudo é ruim, mas algumas coisas são *muito* ruins! A resposta não pode ser um planejamento agressivo. Decidi optar por pouco ou nenhum planejamento e por fazer o meu melhor com o que eu tivesse em mãos a cada momento.

Aviso: Não saber o que está fazendo não é o mesmo que não se esforçar!

Passei muito tempo me perguntando qual seria o "meu caminho", onde ele começaria, como eu o seguiria. O que estava reservado para mim? O que ou quem esperava para ser encontrado por mim? Uma coisa está ficando mais clara à medida que envelheço: existe *mesmo* um caminho. Mas não consigo vê-lo até que ele fique para trás. Sempre houve um caminho, claramente delineado, com momentos cruciais, que me levou a lugares, empregos, relacionamentos, revelações e marcos. Sempre estive nele. O caminho existe, mas não é linear e não consigo vê-lo muito adiante.

Crie uma rede de segurança com ferramentas, habilidades, relacionamentos e recursos que o mantenham aberto às possibilidades. Olhe para si mesmo para criar oportunidades quando não conseguir encontrá-las em nenhuma outra parte. Percebi que, embora a vida seja imprevisível, padrões se formam. Posso prever e me preparar para momentos recorrentes, como a depressão relacionada a completar mais um ano de vida, períodos de escassez de trabalho, alergias em consequência do clima, pequenos incêndios a apagar, que podem ocorrer a qualquer hora. Às vezes, o "pequeno" incêndio inesperado é uma pandemia global que tem um enorme impacto sobre cada elemento da sua vida e da vida dos outros. Surpresa!

Não ter um plano é diferente de não planejar, o que você pode fazer em um sentido mais amplo da maneira que estiver disponível para você. Sugiro o seguinte plano não plano:

1. Economize para o futuro.
2. Preserve seus relacionamentos.
3. Preste atenção.
4. Crie hábitos saudáveis.
5. Aprenda coisas novas.
6. Consuma arte em todas as suas formas.
7. Seja bondoso com os outros.
8. Seja bondoso consigo mesmo.

Não sei o que estou fazendo, de verdade, mas sei como fazer com que pareça não haver problema nisso. Não podemos controlar nada nem ninguém além de nós mesmos, e quanto antes aceitarmos essa verdade, mais fácil vai ficar. Se você não sabe aonde vai, continue se preparando para qualquer coisa e se mantenha aberto às possibilidades. O passo seguinte pode estar mais próximo do que você imagina.

NÃO SEI O QUE ESTOU FAZENDO, DE VERDADE.

AS RESPOSTAS

Por um longo tempo, uma parte de mim acreditou que todo mundo sabia de algo que eu não fazia ideia. Parecia que havia uma série de regras, diretrizes ou princípios de que o restante da humanidade tinha conhecimento, mas da qual eu não estava a par. Na falta de um termo mais preciso, talvez possamos chamar isso de "iluminação". Eu vivia ansioso para atingi-la.

A vida faria muito mais sentido se alguém simplesmente me entregasse as peças para navegar a Estrutura Total. Acho que eu seria um ótimo candidato para receber esse tipo de informação, porque não acredito no modelo da escassez e não consigo ficar de bico calado — eu compartilharia esse conhecimento com o mundo em uma linguagem simples e acessível a quem quisesse, e todos nos sairíamos bem. Eu não escreveria *O segredo*, e sim *As respostas*.

Infelizmente, isso ainda não aconteceu. Pessoas que eu tinha certeza de que haviam atingido a iluminação se provaram tão assustadas quanto eu. Sábios que respeitei no passado me decepcionaram ao se revelar humanos. O segredo, parece, é que não existe segredo, ou pelo menos não apenas um. Há, por outro lado, respostas, de certa forma padrão (com algumas discrepâncias relacionadas a variáveis como identidade, geografia, tempo, rede e acaso).

A seguir, compartilho uma lista incompleta de respostas que juntei até aqui. Essa lista é oferecida como mera referência e para fins de entretenimento, e deve ser encarada com ceticismo. Nem Adam J. Kurtz (nome fantasia ADAMJK® LLC) nem a Editora Fontanar, um selo do Grupo Companhia das Letras (ou suas afiliadas conhecidas no presente ou no futuro), são responsáveis pela adequação ou pela validade dessas respostas quando aplicadas à sua vida. Faça o que quiser com elas.

Não, Claro, Sim, mas na verdade é amor (o que talvez você já soubesse), Infelizmente não, Água, Sim, mas provavelmente não no sentido estrito, Isso é você quem decide, 42, Não sem certo esforço, Respire devagar pelo nariz, segure o ar por alguns segundos e exale pela boca (repita), Vale a tentativa, Sim, Provavelmente, Em geral ninguém sabe até ouvir, Bem que eu queria, Amor.

SABEMOS
AS RESPOSTAS.

QUAL É A
PERGUNTA???

ATÉ MESMO UM "BOM CONSELHO" É SUBJETIVO EM SUA ESSÊNCIA.

RECEBA-O COMO UMA SUGESTÃO E TENHA SUA PRÓPRIA OPINIÃO.

NA MAIOR PARTE
DO TEMPO, A ÚNICA
"CURA MÁGICA" É
O DESENVOLVIMENTO PESSOAL
LENTO E CONSTANTE.

"SUCESSO"
NÃO É UMA
COISA ÚNICA.

SER "BEM-SUCEDIDO"
É RELATIVO.

"SUCESSO DA
NOITE PARA O DIA"
NÃO EXISTE.

"SUCESSO" PODE SER SÓ FAZER O QUE VOCÊ QUER DO SEU JEITO E ISSO SER O BASTANTE PARA VOCÊ FICAR SATISFEITO.

EXISTE UMA LONGA JORNADA

DENTRO DE VOCÊ.

ESTAR SEMPRE OCUPADO NÃO É UM TRAÇO DE PERSONALIDADE

Boa parte de nós tem muito o que fazer. Isso é absolutamente válido. Estamos sempre nos desdobrando no trabalho — que pode ser um emprego, vários empregos, um emprego oficial e um bico ou quaisquer outras combinações em constante mudança.

Estamos sempre nos aprimorando, seja fazendo faculdade ou um curso livre, aprendendo um novo ofício ou desenvolvendo uma nova habilidade. Cuidamos de nós mesmos, o que inclui tudo, de acender uma vela a levantar objetos pesados repetidamente, até nossos braços ficarem mais fortes. Ajudamos a cuidar de entes queridos, cultivamos nossos relacionamentos, criamos filhos, tentamos desfrutar das coisas boas de vez em quando ou mesmo viajar. Preparamos comida, lemos um livro, ou talvez três, mas um de ficção, um de não ficção e outro de ensaios curtos, de modo que não seja nada de mais. Tiramos o atraso com aquela série que quase perdeu a graça porque todo mundo já viu. Individualmente, essas coisas não parecem extraordinárias, mas combinadas se tornam os dias e as semanas de toda uma vida.

Somos pessoas ocupadas! A vida exige que trabalhemos para viver, pede que trabalhemos mais se quisermos mais coisas legais, e as coisas legais exigem "só mais uma" bebida ou hora, "só mais um" episódio ou quilômetro. Isso não é essencialmente ruim, mesmo quando é exaustivo.

Todo mundo vive ocupado à sua maneira. Viver ocupado não torna ninguém especial, não torna ninguém mais importante, e definitivamente não é algo de que se orgulhar. Viver ocupado não é sinal de que você é mais produtivo. Não indica que você é mais valioso ou mais digno. Você pode viver ocupado, mas isso não é algo isolado e tangível, e com certeza não define a sua personalidade.

Viver ocupado não é desculpa para ser um babaca. Viver ocupado não é motivo para não ter respondido a uma mensagem. Viver ocupado não desculpa o fato de você não ter feito aquela única coisa de que estava incumbido, de modo que outras pessoas precisam fazê-la por você.

Às vezes, "ocupado" significa alguma outra coisa, assim como "cansado" pode significar desde um cansaço físico a uma depressão profunda. Mas pessoas que estão sempre ocupadas quando você precisa delas, pessoas que chegam apressadas e vão embora logo, pessoas que até aparecem, mas vão ter que fazer uma ligação rápida em dez minutos, pessoas que mandam mensagens durante todo o jantar — essas estão simplesmente sendo mal-educadas.

Todos temos coisas a fazer. Todos precisamos lidar com expectativas. Deixar transparecer que se está extenuado, sobrecarregado ou especialmente ansioso é uma coisa. Transmitir a ideia de que se está ocupado demais — e no último minuto, claro — quer dizer que você não se preparou e não quer assumir a responsabilidade. Viver ocupado talvez até seja um traço de personalidade nesse caso, mas não algo que se deva buscar.

Se você vive ocupado, talvez seja a hora de refletir a respeito. Por que isso acontece? O que está se passando com você? Tem que lidar com coisas demais? Está preso a um ciclo de períodos de intensa produtividade seguidos pelos inevitáveis períodos de colapso total? Está dando duro temporariamente visando a um objetivo específico que parece cada vez mais distante? Seu empregador suga todo o seu tempo e sua energia intencionalmente, por pura falta de respeito? Você se distrai demais?

Alguns de nós não têm escolha. Alguns de nós lidam com situações específicas que exigem uma vida realmente ocupada o tempo todo. Entendo isso, de verdade. Se essa é a sua realidade no momento, eu lhe desejo força e sorte para que consiga lidar com isso e encontrar seu caminho. Mas, para aqueles que encaram viver ocupados como um objetivo, como um status a alcançar, como uma identidade, tudo o que tenho a dizer é: por favor, parem. Procurem chegar à raiz do motivo. Procurem identificar os conselhos para "dar o sangue", "se matar" e coisas assim que tenham ouvido de certo tipo de figura motivacional e levaram um pouco a sério demais e esqueçam essa p*rra.

Viver ocupado é *coisa do passado*. Qualquer um pode fazer isso. Sabe o que devemos buscar? Ter calma, tranquilidade, autocontrole. Não há nada que me inspire mais do que alguém que consegue arranjar um tempo ou sabe recusar com educação quando necessário, sendo capaz de aproveitar os benefícios do sucesso conquistado com tanto esforço.

NÃO É UMA COMPETIÇÃO

Sabemos que nos comparar com os outros machuca, porque a maioria de nós fez isso a vida toda, não importa como. Sim, criar uma estrutura é parte importante do sucesso, e uma maneira fácil (e preguiçosa) de definir objetivos é comparar nosso progresso em relação ao dos outros. Isso acontece na escola, em casa, no trabalho e é constantemente replicado ao longo da vida.

Quando nos dedicamos ao nosso desenvolvimento pessoal, parece natural recorrer a este clássico: identificar a "concorrência" e trabalhar para "vencê-la" em termos de notas, cargo ou o que quer que seja. Mas a comparação superficial com os outros em tudo, desde habilidades físicas até oportunidades de emprego, nunca vai ser uma coisa verdadeiramente útil ou eficaz.

Quando olhamos para dentro de nós, temos acesso à história completa. Quando olhamos para os outros, existem lacunas enormes. Há muita coisa na jornada, na motivação, nos recursos e no progresso pessoal deles que não sabemos e não temos como saber. Ainda que você consiga mais informações (por exemplo, quando entra em uma competição "saudável" com um colega ou companheiro de equipe), mesmo assim existe muita coisa que simplesmente não tem uma relação direta.

É da nossa natureza procurar sinais, inspiração, modelos, critério e direção nos outros. Vejo alguém passando com uma roupa estilosa e penso: "Nossa, bem que eu queria poder usar algo assim", permitindo que uma rápida comparação me deixe para baixo. Não sou tão forte. Não sou tão esperto. Não sou tão descolado. Não tenho os mesmos recursos. Isso é algo extremamente humano e (o que é uma pena) bastante comum.

Você não é uma pessoa ruim por se comparar com os outros. Você não é uma pessoa ruim por confrontar onde chegou com aonde não chegou. Mas você merece coisa melhor. Comparar-se com os outros parece útil e pode até ser agradável quando se está "ganhando", mas dói quando não se está. De qualquer maneira, sempre vai ser uma falsa equivalência, sem nenhum tipo de métrica prática.

Você não está em competição com todas as outras pessoas! A vida não é uma corrida, não é um concurso! As únicas coisas que são corridas e concursos são corridas e concursos. Todo o resto são percursos individuais que podem se sobrepor e se entrecruzar, mas são únicos à experiência de cada um. O modelo competitivo quer que acreditemos que só uma pessoa pode ganhar, que só uma pessoa será a número um. Por favor, para a sua própria saúde e sanidade, para o seu próprio sucesso, esqueça essa ideia. Não aceite uma estrutura que não foi você quem criou. Não adote o método de outra pessoa e principalmente não o use para se pôr para baixo. Sei que você sabe disso! Mas existem inúmeras influências externas que nos fazem esquecer disso.

As redes sociais, sobretudo, transformam a realidade em algo que parece uma competição. Isso não só porque nos esforçamos para apresentar uma versão idealizada de nós mesmos (ou pelo menos uma versão específica), mas também porque elas nos incitam a julgar em tempo real, por meio de um sistema de curtidas e comentários que teoricamente confirma ou nega o valor do nosso "conteúdo" de uma maneira que todos percebemos como negativa e até mesmo prejudicial. Nem por isso, no entanto, paramos de lhes dar atenção. Ficar de olho nos outros e fazer comparações ou correlações falsas pode até parecer útil para uma investigação pessoal. Talvez você seja uma pessoa melhor, mas eu definitivamente sinto quando, para usar a linguagem da internet, um post "flopa". É difícil não acusar o golpe. Uma parte da minha vida preparada para o consumo flopou, de modo que eu flopei. Ninguém gosta de flopar.

Se você não se identifica com esse exemplo, sorte sua, de verdade. Mas, para muitos, é uma realidade frequente: avaliações não requisitadas por parte de um sistema incapaz de levar em conta nosso valor individual e que na verdade prefere nos agrupar em categorias e nos filtrar usando um algoritmo para poder nos vender aos anunciantes. O imediatismo do processo todo torna a falsa equivalência óbvia. Não dá para comparar o bebê de um amigo (59 curtidas) com a fatia de pizza de um desconhecido (234 curtidas). Não dá para comparar seu trabalho criativo (566 curtidas) com um vídeo extremamente popular de uma batata amarrada a um ventilador de teto (com tantas visualizações que metade de vocês sabe muito bem do que estou falando e já está até com a musiquinha na cabeça). Essas coisas não são comparáveis. Não estamos competindo, não importa o quanto o ecossistema das redes sociais queira que acreditemos que estamos.

Sempre que você se pegar comparando uma coisa sua com a de outra pessoa, pare e se pergunte: quem disse que minha situação é comparável com a dessa pessoa? Quem determinou que temos as mesmas habilidades ou os mesmos recursos? O que faz com que eu sinta que isso é uma métrica válida para avaliar meu sucesso? Por que estou fazendo isso comigo mesmo???

Compare-se com o seu melhor e use isso como um combustível para evoluir. Deixe suas limitações para trás como puder, no ritmo que conseguir. Defina o que é sucesso para você, estabeleça metas, vá além delas. Celebre suas conquistas e suba um pouco mais o sarrafo. Vá até onde puder, até onde tiver vontade. Depois aceite a vitória. É toda sua.

SE VOCÊ NÃO FOR BEM-SUCEDIDO DE CARA, BEM-VINDO À VIDA. ELA PODE SER DIFÍCIL, MAS NA MAIOR PARTE DO TEMPO É ATÉ LEGAL.

GRANDES DEMONSTRAÇÕES
DE PODER
MUITAS VEZES SÃO
SURPREENDENTEMENTE
SILENCIOSAS.

SE VOCÊ PUDESSE
SE LIVRAR DE TODAS
AS SUAS DISTRAÇÕES E
OBRIGAÇÕES, QUEM
RESTARIA NO FINAL?

A PRODUTIVIDADE
NÃO É UMA
PERSPECTIVA ATÉ
MUITO, MUITO
TEMPO DEPOIS.

POR QUE VOCÊ VIVE TÃO OCUPADO?

PELO QUE ESTÁ TRABALHANDO?

DO QUE SENTE FALTA?

QUEM TE DISSE QUE ISSO SERVE COMO MEDIDA DE VALOR?

VIVER OCUPADO NÃO É UM TRAÇO DE PERSONALIDADE.

VIVER OCUPADO NÃO É UM TRAÇO DE PERSONALIDADE.

VIVER OCUPADO NÃO É UM TRAÇO DE PERSONALIDADE.

VIVER OCUPADO NÃO É UM TRAÇO DE PERSONALIDADE.

VIVER OCUPADO NÃO É UM TRAÇO DE PERSONALIDADE.

OUTRAS PESSOAS
PODEM TER O QUE VOCÊ
NÃO TEM.

ISSO NÃO AS TORNA
"MELHORES" QUE VOCÊ.

SE COMPARAR COM OS OUTROS NÃO É UMA MÉTRICA ÚTIL A MENOS QUE TODAS AS VARIÁVEIS SEJAM IDÊNTICAS...

O QUE É IMPOSSÍVEL.

É POSSÍVEL CRIAR UMA ESTRUTURA
E SE PERMITIR ALGUMA FLEXIBILIDADE
AO MESMO TEMPO.

O FRACASSO NÃO PASSA DE UMA PESQUISA, A MENOS QUE VOCÊ NUNCA MAIS TENTE

Para muitos de nós (eu), a parte mais difícil de tentar o que quer que seja é achar que vai ser difícil. Somos preguiçosos. Vivemos cansados. E, principalmente, temos medo de não sermos bons em algo, porque então fracassaremos. Fracassaremos, não venceremos, iremos nos dar mal e todos saberão, nós saberemos, teremos provas cabais de uma tentativa que não foi boa o bastante. Pode ser algo privado, mas também pode ser algo muito, muito público, e então todos verão o fracasso em tempo real. Nossa, pode ser um fracasso total. Um FRACASSO RETUMBANTE, tão vergonhoso que nunca será esquecido. De modo que é melhor ser contido. É melhor ser discreto. É melhor nem tentar nada de que não se esteja pelo menos 99% certo, só para garantir.

Mas — pois é — fracassar é, *sim*, uma opção. Fracassar é uma de duas opções na maior parte dos cenários. Fracassar acontece. O tempo todo. Constantemente. Fracassei inúmeras vezes na vida, em todo tipo de coisa, desde algumas que eu achava que queria muito fazer (como quando não fui aceito em um programa especial para publicitários da área de criação) a outras que eu só meio que tinha vontade (uma trilha extremamente íngreme da qual desisti no meio do caminho). Fracassar não é o fim. É parte do processo de realizar uma tarefa. Na verdade, o fracasso só é o fim se você não usar o que aprendeu com a experiência em uma nova tentativa. Cada tentativa se torna um experimento, cada fracasso fornece informações valiosas e aponta o que pode ser melhorado, para que em algum momento (talvez logo, talvez nunca) se acerte.

Neste ponto, eu gostaria de falar sobre a montanha literal que tentei escalar, tanto porque acontecimentos reais são úteis quanto porque podemos explicar nossa vida recorrendo a metáforas óbvias e fingindo ser o herói da nossa própria história (o que é claro que cada um de nós é). Eis a montanha:

Passo todos os Natais desde 2014 no Havaí, não porque ame o clima quente e a natureza, mas porque meu marido é de Honolulu e festejamos o feriado com a família dele. Há parques e trilhas em toda a ilha de Oahu, e quem gosta de caminhar é recompensado com a visão de céus azuis infinitos, cachoeiras escondidas deslumbrantes ou pelo menos uma sensação de realização pelo seu esforço. O que para mim é um pouco difícil de entender.

Anos atrás, nos encontramos com alguns amigos para fazer uma trilha fácil, conhecida como Diamond Head Summit Trail. Eu tinha concordado porque era um destino turístico famoso que fazia parte da imagem clássica de Honolulu, ficava próximo da praia de Waikiki e envolvia uma subida razoável. Não levamos garrafas de água nem nada, porque não era mesmo nem um pouco complicado — era mais uma caminhada agradável. Quando terminássemos, poderíamos tomar uma raspadinha.

Fomos de carro até Diamond Head só para descobrir que não havia onde estacionar. Pensando melhor, ir a uma atração turística extremamente popular em uma tarde de sábado no período de festas de fim de ano não foi uma boa ideia. Ninguém queria ficar esperando no carro. Por algum motivo queríamos sair pra caminhar imediatamente. Depois de uma votação rápida, decidimos partir para outra trilha, conhecida como Koko Crater Trail. "Vai ser tranquilo", meus amigos explicaram. "Fizeram uma escada na montanha! Vamos lá! Não fica muito longe!" Concordei (porque queria tomar logo uma raspadinha).

Acabei descobrindo que a caminhada até a Koko Head era na verdade uma escalada de mais de um quilômetro, envolvendo 1048 degraus quase verticais na lateral da montanha, com o sol direto na cabeça. Os degraus eram feitos de trilhos de trem antigos e blocos de concreto quebrados ou com partes faltando, irregulares como os dentes de uma caveira, de modo que não havia onde se segurar a não ser no degrau acima. Em algumas partes da subida, se você errasse o degrau, caía nas pedras. Fazer trilha é demais, adoro! Começamos o trajeto e eu me saí como o esperado, ou seja: ainda estava na metade quando achei que meu coração ia explodir. Suava profusamente e já havia precisado de mais de uma pausa para descansar. Fiquei preocupado de verdade que pudesse ter um ataque cardíaco ou no mínimo desmaiar. Portanto, fiz alguns cálculos mentais e decidi que a recompensa ("uma vista linda" e "não passar vergonha na frente dos meus amigos") não valia uma possível morte. Dei meia-volta e passei a meia hora seguinte recuperando o fôlego no gramado ao lado do estacionamento.

Até então, o herói da minha história (ainda eu) sem dúvida havia falhado no sentido mais literal. Eu tinha topado e depois me recusado a subir a montanha — o que todo mundo havia visto. Não saí na selfie que meus amigos tiraram lá em cima. Não admirei o mar e me senti pequeno diante da sua beleza, não me senti pessoalmente realizado. Fiquei constrangido pela minha falta de força física e mental. Mas estava vivo, de modo que parecia ter feito a escolha certa.

Um ano inteiro se passou, no qual realizei muitas coisas. Recebi elogios e reconhecimento pelo meu trabalho. Colhi seus frutos. Mas não tinha subido aquela montanha, e muito embora ninguém mais se importasse, aquele fracasso sempre voltava à minha mente. Transformei a montanha real em uma montanha mental ao criar uma história relacionada às minhas limitações físicas e mentais, uma narrativa de fracasso e fraqueza da qual eu só poderia me libertar se concluísse a escalada no Natal seguinte.

Será que, depois de um ano refletindo e usando tudo o que havia aprendido da primeira vez, subi os degraus até a Koko Head? E será que isso importa?

É claro que importa. Minha nossa! Imagine se essa história ia terminar sem nenhuma conquista. Sim, eu escalei a p*rra da montanha! Não porque estava em melhor forma física. Não necessariamente porque estava mais forte que antes. Escalei a montanha não por pura força de vontade, embora eu tivesse muita. Em vez disso, peguei tudo o que havia aprendido com meu fracasso e usei como pesquisa para uma segunda tentativa bem-sucedida. Usei calçados apropriados. Levei uma garrafa de água. E uma toalhinha para enxugar a testa. Fui de manhã, quando era mais fresco e o sol ainda não estava a pino. Escalei a montanha e não chorei lá em cima, por mais que pudesse ser um lindo final. Escalei a montanha e senti orgulho e gratidão, tanto por ter chegado lá quanto por tê-la tirado da minha mente para sempre. Eu me bastava, desde o começo.

Esse desafio não exigiu uma montagem comigo treinando no estilo Rocky Balboa. Sinceramente, nada em mim havia mudado. Bastou fazer alguns ajustes simples e tentar de novo.

O fracasso é assustador e vem de diferentes formas. Às vezes, a montanha é maior que uma montanha. Mas, no fim das contas, a maior parte pode ser escalada. Não tenha pressa. Use os sapatos certos. Leve água. E quando chegar ao topo, procure recuperar o fôlego antes de tirar uma foto.

NINGUÉM ESTÁ ESPERANDO QUE VOCÊ ESTRAGUE TUDO

A velocidade da internet faz com que eu me sinta pressionado a criar e compartilhar constantemente novos trabalhos, palavras, ideias ou o tipo de arte que caiba em um tuíte. Sei que não estou sozinho nessa necessidade sem fim de estar presente e contribuir de uma maneira ou de outra com a "conversa global". Como resultado, muitas vezes me pego tentando transformar carvão em diamante para lançar no vazio. Essas contribuições raramente se destacam, e na maior parte do tempo é mais como se eu atirasse torrões de terra que se desintegram no ar ou aterrissam em lugar nenhum com um ruído quase imperceptível. Elas existem por uma hora ou um dia, passando despercebidas ou mal sendo notadas até que eu as delete. A menos que, pensando melhor a respeito, me façam rir. Então elas continuam lá.

Esse pânico moderado de ter que dizer ou fazer algo não parece saudável ou particularmente útil. Mesmo quando contribuo com algo positivo, ainda é, tipo, "Então tá. Legal. Valeu". Mas o que aprendi de válido na minha experiência é que, na verdade, ninguém está esperando que você cometa um erro. Ninguém está prendendo a respiração, louco para pegar você divulgando uma arte ruim ou dizendo a coisa errada. Na verdade, na maior parte do tempo, ninguém se importa nem um pouco, porque ninguém está prestando atenção.

Quando me perguntam sobre a "coragem" que "tenho" e que me permite compartilhar minha arte (que pode não ser boa) e minha insegurança (que pode ser vista como fraqueza) de maneira tão livre na internet, para mim a resposta é uma só: ninguém liga.

Passamos tempo demais preocupados com o que as pessoas vão pensar de nós se errarmos. "Ai, meu Deus, será que vou ser humilhado em público? E se eu compartilhar essa coisa imperfeita que fiz e as pessoas perceberem que é imperfeita?" São dúvidas válidas. Não é nenhuma vergonha fazer perguntas na segurança do próprio cérebro. Mas, na prática, na vida real, ninguém está esperando que você erre. Ninguém vai jogar na sua cara que você não sabe desenhar uma mão humana anatomicamente correta. Ninguém se importa se a decoração da sua torta de maçã ficou feia. Ninguém liga se você não sabe a resposta certa no momento exato.

Sim, estou simplificando as coisas. Algumas pessoas talvez se importem. Você talvez se importe. Por um minuto. Por um dia. Os torrões de terra que joguei no vazio estão suspensos em algum ponto do espaço, e alguém pode vê-los. Talvez alguém note. Mas será só isso. Algo que aconteceu. A torta continua sendo uma torta. Todo mundo adora torta! Você ainda vai ser bom em muitas coisas. Você ainda vai fazer outras coisas, ou a mesma coisa de novo (talvez melhor da próxima vez). No fim, a vida segue em frente, todo mundo segue em frente, e você fica livre para cometer mais erros no futuro.

Cada um toca sua própria vida, encara seus próprios desafios, se ocupa de suas próprias tarefas e se distrai com suas próprias coisas. Mesmo aqueles que se importam com você têm um monte de outras questões com que se preocupar. Portanto, ainda que um fracasso ou erro possa parecer muito importante para nós e essa sensação seja válida na hora (e até por algum tempo), a maior parte das pessoas já está concentrada em outra coisa. De modo que você pode se sentir livre para fazer o mesmo.

VOCÊ VAI ESCREVER A
HISTÓRIA DA SUA VIDA
1 Página DE CADA VEZ.

TENTE TENTAR.

* SE NÃO FUNCIONAR,
DÊ UM TEMPO
E ENTÃO TENTE
DE OUTRA MANEIRA.

SE A VIDA FOSSE FÁCIL
TAMBÉM SERIA ENTEDIANTE,
E VOCÊ NUNCA EVOLUIRIA.

O FRACASSO NÃO PASSA DE UMA PESQUISA, A MENOS QUE VOCÊ NUNCA MAIS TENTE.

NINGUÉM VAI SE
IMPORTAR TANTO
QUANTO VOCÊ,
E MUITAS VEZES
ISSO É UMA BÊNÇÃO
DISFARÇADA.

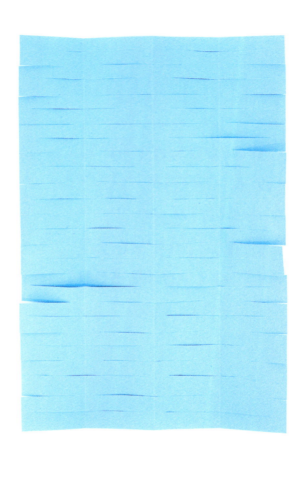

ASSIM QUE NOS
DAMOS CONTA DE QUE
NÃO PRECISAMOS SER
PERFEITOS, TUDO FICA
MAIS FÁCIL, MAIS
HONESTO E MAIS
VERDADEIRO.

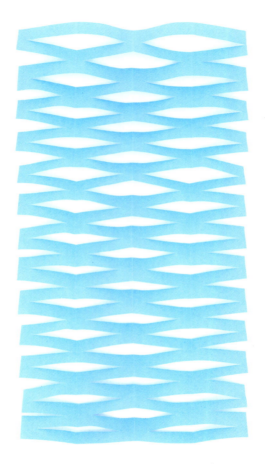

PODE SER COMPLICADO
E MESMO ASSIM BONITO.

VOCÊ (PROVAVELMENTE) CONSEGUE

Você é basicamente uma pilha de ossos e fluidos jogados em um saco de pele com um rosto. Não há motivo para que as várias peças irregulares que estão aí dentro se encaixem e funcionem. Nesse exato momento, um monte de partes nojentas trabalham juntas para reconhecer estas formas (letras) e combinações (palavras) e traduzi-las em informações coerentes que seu cérebro é capaz de processar. Tudo isso acontece quase instantaneamente. Não sou cientista, mas acredito que falo em nome de toda a comunidade científica quando digo que, de certa forma, em algum nível, você é mágico.

A maioria de nós não passa muito tempo pensando em como os elementos essenciais da nossa experiência se relacionam. Aceitamos tudo sem nem pensar, como se simplesmente fosse assim, talvez porque refletir a respeito por tempo demais costume causar nervosismo. Mas, sinceramente, como é que tudo isso se relaciona? Como seu esqueleto consegue se movimentar e fazer as coisas? Onde estamos em relação à Lua, aos planetas e ao Universo? Qual é o sentido de tudo? Deus existe? Opa, a coisa está ficando séria!

Vamos voltar um pouco. Estamos aqui, em cidades, países, em um planeta, em um sistema solar, no espaço. São fatos, e conseguimos pensar neles sem afundar em uma crise existencial. Mais fatos: somos corpos feitos de ossos, órgãos e tecidos, e tudo isso se junta em um pacote que pode ser bastante atraente e fazer coisas como respirar, se mover e se comunicar. Alguns corpos podem correr muito rápido ou carregar objetos pesados. Alguns corpos conseguem se movimentar de acordo com um ritmo (embora outros definitivamente não consigam). Alguns corpos podem produzir outros corpos! São coisas incompreensíveis, mas que acontecem milhares de vezes por dia.

E por que acontecem? Como acontecem? Tem a ver com ciência, claro. A ciência é real e explica as possibilidades e as verdades relacionadas à nossa existência, à existência das coisas que nos rodeiam, à existência das coisas que se foram há muito tempo e à existência das coisas que ainda virão. Mas não é porque entendemos o *como* que entendemos o *porquê*. O porquê é a parte que parece mágica. Por que qualquer um de nós precisa estar aqui? Por que qualquer um de nós faz qualquer coisa? Isso é muito louco.

Tudo isso para dizer: você está aqui ("por enquanto", como já dissemos). Está vivo. Está respirando, lendo, se movendo, fazendo, criando, compartilhando e sendo. Você vive um milagre a cada dia, desafiando as probabilidades, fazendo coisas que podem ser explicadas, mas ainda assim são meio que fenomenais no grande esquema do universo. Esse é o motivo pelo qual posso dizer com certo nível de certeza que você tem poder. Uma habilidade humana inata e profundamente enraizada. Você tem a imaginação necessária para definir um sonho, a inteligência para conceitualizar cada passo, os recursos para encontrar as ferramentas necessárias, a força interior para persistir.

Você já está fazendo coisas mágicas e desafiando as probabilidades. Essa coisa toda de estar vivo é ligeiramente perturbadora se você ficar pensando demais (o que, de novo, *não* fazemos). E é assim que eu sei, com algum grau de certeza, que você consegue.

Você consegue! Você consegue. O que quer que seja. Você é capaz de realizar uma tarefa que parece impossível, porque tudo o que faz parece impossível também, mas não é. Você consegue superar esse momento difícil porque desafiou as probabilidades depois de 100 mil anos de evolução humana. Você pode chegar aos limites da sua imaginação porque evitou meteoros caindo, o clima congelante, dinossauros e continentes se distanciando. Você consegue concluir aquele trabalho difícil porque inventou o fogo. Não quero ser exagerado, mas se conseguimos dar um jeito de fazer trezentas pessoas atravessarem o planeta voando e ainda oferecer uma variedade de filmes recém-lançados para que elas se distraiam, você pode muito bem responder àquele e-mail intimidador ou fazer o que quer que seja.

É tanta coisa que nós mesmos decidimos ignorar grande parte delas no dia a dia. Respiramos constantemente, de modo que isso deixa de ser incrível. Vamos de um lugar a outro, portanto isso agora é só algo qualquer que nosso corpo pode fazer. Em certo nível, escolhemos ignorar milagres para economizar tempo, o que possibilita existir sem parar a cada tantos segundos para se maravilhar com as possibilidades do Universo. Então por que não ignoramos o medo de fazer determinadas coisas? Por que nos livramos de uma carga mental necessária e então enchemos esse espaço com baixa autoestima e uma vozinha chata que não acredita em nós, apesar de todos os indícios e provas quase constantes de que somos milagres vivos?

Não é fácil. Não dá para uma pessoa simplesmente parar de duvidar de si mesma, ou ninguém mais duvidaria de si mesmo. Eu adoraria não duvidar de mim mesmo! Sinceramente, seria um bocado útil. Eu faria muito mais coisas e me divertiria no processo. Só que ainda sou humano e portanto suscetível a todos os componentes humanos menos miraculosos e também inatos, como duvidar de si mesmo, sentir medo e ansiedade. É difícil fazer a voz aqui dentro cessar. Mas uma coisa é fácil, ou pelo menos mais fácil: fazer mais de literalmente todo o resto. Ainda fico nervoso em relação a coisas que talvez eu não consiga fazer? Sim. Posso reservar um momento para me lembrar de que meu próprio esqueleto mágico desafia a gravidade toda vez que sai da cama? Também sim.

Fazemos coisas maravilhosas e especiais todos os dias, sem pensar duas vezes. E se pensássemos um pouco mais sobre isso? E se refletíssemos a respeito de tudo que aceitamos como é, reparássemos nas peças que paramos de contar, analisássemos algumas das partes de estar vivo neste planeta que às vezes fazem com que piremos um pouco? Você está aqui, contra todas as probabilidades. Você faz coisas incríveis todos os dias. Independente de qual for o próximo desafio, você consegue. O que quer que seja. Provavelmente.

A MAIORIA DE NÓS ATRIBUI SUA IDEIA DE EU A IDENTIDADES QUE NÃO NECESSARIAMENTE PASSAM DE UM CARGO OU UM HOBBY.

INTERNALIZAMOS
SISTEMAS DE VALOR
QUE NOS ENCORAJAM
A NOS DEFINIR PELAS
HABILIDADES QUE USAMOS
PARA GERAR RENDA...

VAMOS DEIXAR ISSO DE
LADO POR UM MOMENTO.

VINCULAMOS GRANDE PARTE DA NOSSA IDENTIDADE A NOSSA APARÊNCIA FÍSICA, SEJA EM RELAÇÃO A CARACTERÍSTICAS GENÉTICAS OU À MANEIRA COMO NOS APRESENTAMOS AOS OUTROS.

HÁ MUITO A SE DIZER SOBRE NOSSA COMUNIDADE E AS PESSOAS QUE CONFIAM EM NÓS OU QUE TORCEM POR NÓS.

AS PESSOAS QUE NOS AMAM PODEM AJUDAR A DEFINIR QUEM SOMOS, MAS, NO FIM, ISSO SEMPRE CABERÁ A CADA INDIVÍDUO.

QUEM É VOCÊ
QUANDO REMOVE
AS CAMADAS DO QUÊ,
DO ONDE E DO COMO?

O QUE RESTA QUANDO
RETIRA OS RÓTULOS
QUE INTERNALIZOU,
INDEPENDENTE DE TEREM
SIDO CRIADOS POR VOCÊ
MESMO OU PELOS OUTROS?

A PESSOA DENTRO DA SUA
MENTE QUE ESTÁ LENDO ESSAS
PALAVRAS, QUE CONTA SUA
EXPERIÊNCIA, QUE TEM
ACESSO ÀS SUAS MEMÓRIAS
E ESTREMECE QUANDO SE LEMBRA
DE ALGO BOBO QUE DISSE CINCO
ANOS ATRÁS É A PESSOA COM
QUEM VOCÊ VAI TER QUE PASSAR
O RESTO DA SUA VIDA.

NÃO DEIXE QUE O LINDO
ABSURDO DE ESTAR VIVO
O IMPEÇA DE TER UMA CONVERSA
SINCERA CONSIGO MESMO.

É TENTADOR PERMITIR QUE A ANSIEDADE SE MANIFESTE QUANDO ELA SE PASSA POR PRODUTIVIDADE...

MAS ISSO NÃO FAZ SENTIDO.

NUNCA SE ESQUEÇA DESSA UMA COISA

Parte de se estar vivo é lidar com as m*rdas do dia a dia que envolvem ser uma pessoa no mundo. A vida de todos nós consiste em uma série de tarefas, desafios e situações, o que às vezes é maravilhoso e às vezes é simplesmente difícil. Há momentos de choque em que somos lembrados da nossa mortalidade, desafios que nos obrigam a encarar nossas maiores inseguranças e tarefas que parecem fora do campo das nossas possibilidades e que nos exigem ir além dos nossos recursos conhecidos para criar algo novo. Não devemos comparar nossa experiência com a de ninguém além de nós mesmos, mas, ainda que objetivamente você saiba que os desafios atuais não são nada em comparação com o que já superou, são esses os desafios que se apresentam agora, e você precisa superá-los. O que pode nos ajudar a perseverar é o nosso propósito.

Há maneiras diferentes de se chegar a um propósito, e grande parte da vida envolve identificar o seu. O propósito não é necessariamente uma coisa única, tampouco é o mesmo para todo mundo e nem sempre é permanente. Seu propósito pode mudar. Talvez seja algo que foi instilado ou atribuído a você em algum momento e com o passar dos anos foi perdendo força até você não saber mais se ainda serve. Isso acontece. E não tem problema. É parte da jornada, com a realidade da vida transformando continuamente a pessoa que você era em quem vai ser a seguir.

Muitos de nós não sabemos exatamente qual é nosso propósito. Você talvez tenha uma boa *ideia* do seu propósito, o que se convenciona chamar de "senso de propósito", e isso pode ser o bastante por algum tempo. É um conceito-guia ou uma série de princípios que o informam como agir, o que fazer, como cuidar de si mesmo e dos outros. Nesse caso, parabéns: você está no caminho certo.

Outros estão mais longe de identificar seu propósito e continuam na busca. A boa notícia aqui é que procurar seu propósito já traz por si só um senso de propósito. Pode parecer trapaça, mas na verdade não é, porque nesse caso você é tanto o juiz quanto o júri. Se está buscando seu propósito, podemos seguir por aí. Se você diz que está buscando seu propósito, mas por dentro sabe que já esteve buscando e meio que se perdeu, talvez seja hora de se reorganizar. Como a única pessoa com poder de decisão no próprio senso de direção e satisfação, você tem a autoridade de intervir a qualquer momento, e a possibilidade de ir deixando isso mais para adiante por quanto tempo quiser.

Não há uma maneira errada de se estar vivo. Você não *precisa* ter um propósito para estar vivo. Não precisa descobrir sua verdade e se agarrar a ela. Porém eu acho que ajuda. É um pouco como a fé, mas tem sua origem em você, em vez de… você sabe… em toda parte e em lugar nenhum. Um senso de propósito é uma verdade fundamental que irá guiá-lo nos piores momentos. Quando a escuridão cai e você não tem certeza de para onde ir ou como se comportar, ter algo que parece conectado à sua identidade como pessoa ajuda a atravessá-la. Embora não seja necessariamente algo reconfortante de se pensar, pode dar um valioso impulso moral, recordando o motivo pelo qual você está "aqui" (neste espaço exato, na sua comunidade ou vivo neste planeta).

A escuridão vai vir. As m*rdas diárias vão se somando com rapidez, virando semanas, meses e até anos em que você sente que está tentando manter os pratinhos girando ao mesmo tempo, ou apagando incêndios, da manhã até a noite só para recomeçar no dia seguinte. Um estado de humor se transforma em uma realidade percebida que prevalece por algum tempo. Você para de nadar e começa a boiar, o que ainda não é se afogar, só que você não está indo a lugar nenhum que não seja levado pela corrente, num processo lento. Para deixar totalmente claro, "não se afogar" ainda é uma realização. Manter a cabeça para fora quando tudo o que se quer fazer é afundar dá trabalho e merece reconhecimento. Mas não é algo sustentável no longo prazo. Boiar sozinho é exaustivo. Seu propósito pode servir como um colete salva-vidas ou uma boia de piscina em forma de um coração gigante.

Não sou particularmente religioso, de modo que para mim o senso de propósito não está ligado à adoração. Mas para muitas pessoas está, o que pode ser ótimo e útil. A religião reúne peças importantes da experiência de se estar vivo, como ritual, comunidade e, se você tiver sorte, música e comidas especiais. Mas mesmo dentro da religião ainda existe a busca de um propósito individual, o mesmo desafio único e humano que todos encaram, independente de uma instituição que pode funcionar como uma receita generalizada de como viver.

À medida que você cresce e aprende mais sobre si mesmo, o mundo e seu lugar nele, seu propósito pode se revelar. Você vai identificar mais pontos fortes e fracos, talentos inatos e habilidades desenvolvidas. Sua mistura única se combina com a das pessoas ao seu redor de uma forma simbiótica que fará todo mundo evoluir, o que me parece a maneira ideal de viver, uma vez que o meu senso de propósito está enraizado na ideia de serviço. Infelizmente (ou felizmente, acho!!!), não se pode escolher um senso de propósito em um livro. É até possível encontrar um a partir de pistas deixadas ou criadas, mas, de novo, você é a única pessoa com poder de decisão nesse caso.

Você vai mudar. Os desafios vão mudar. A vida vai mudar, eu vou mudar, tudo vai mudar uma vez e mais outra. Suas raízes vão se manter em um lugar ou eu comum, mas vão se deslocar com todo o resto. Estar vivo é isso. Esse é o processo. Sua verdade permanecerá uma constante e o guiará e levará de volta ao centro de quem você foi, é e será.

Eu mesmo passo por diferentes fases de compreensão do meu propósito, e às vezes ele acaba enterrado por distrações ou sofre um processo natural de revisão. Mas me manter firme ao menos no meu senso de propósito me ajuda a seguir em frente. Ele me guia quando esqueço o que está acontecendo, quando as coisas ficam difíceis além da conta, quando não sei o que estou fazendo com a minha vida, quando me sinto estagnado por tempo demais. Embora seja uma coisa interna e só minha, escrevi em um papel, depois em um post-it, depois tatuei no braço, para sempre lembrar: NUNCA SE ESQUEÇA DESSA UMA COISA.

Não dá para escolher um senso de propósito em um livro, mas eis alguns pontos para refletir que podem ajudar: ser uma pessoa bacana nunca é uma má ideia; amar a si mesmo não é igual a ser vaidoso; ser bondoso não é um sinal de fraqueza.

SER UMA PESSOA
BACANA NUNCA É
UMA MÁ IDEIA.

AMAR A SI MESMO
NÃO É IGUAL A SER VAIDOSO.

SER BONDOSO NÃO É UM
SINAL DE FRAQUEZA.

PASSO UM:
RECONHECER QUE
A VIDA É UMA SÉRIE
DE PASSOS.

PASSO DOIS:
SEGUIR SEMPRE
EM FRENTE.

VOCÊ NASCEU E AGORA
É TARDE DEMAIS
PARA VOLTAR ATRÁS,
ENTÃO É MELHOR SE
APROVEITAR DISSO.

EMBORA NÃO HAJA VOLTA, HÁ MUITOS, MUITOS CAMINHOS ADIANTE.

ACREDITE EM SI PRÓPRIO DA MESMA FORMA COMO ACREDITA NAS PESSOAS QUE AMA.

DISTRAÇÕES SÃO
UMA PARTE MARAVILHOSA
E ESPECIAL DE SE
ESTAR VIVO

(MAS SIGA EM FRENTE).

PROVOCAR UMA MUDANÇA
É UMA ESCOLHA,
E GERALMENTE NÃO
A MAIS FÁCIL.

TUDO O QUE VOCÊ JÁ ALCANÇOU É UMA MONTANHA QUE OUTRA PESSOA ESTÁ TENTANDO ESCALAR...

TALVEZ VOCÊ POSSA DAR UMA FORÇA A ELA!

LOGO

AGORA

DEPOIS

AS MÁS NOTÍCIAS VOAM

Às vezes, fico envolvido demais com meu celular e todas as coisas ruins que estão acontecendo no mundo. Quando pego o aparelho, me sinto conectado com meus amigos e a variedade de opiniões que escolhi receber no meu feed, mas há um volume esmagador de notícias difíceis de digerir e uma sensação de pânico e apreensão generalizada, ainda que controlada. Sinto isso regularmente já faz uns anos e tomei algumas atitudes para diminuir o impacto, como desligar todas as notificações de notícias e muitas vezes bloquear as fontes de informações das quais preciso ter uma folga.

Não é que de repente coisas ruins tenham começado a ocorrer com uma frequência alarmante (embora, de algumas maneiras, essa situação seja resultado das nossas ações como um todo, incluindo ignorar a ciência no que se refere ao clima). A verdade é que há muito tempo os humanos são terríveis uns com os outros, as corporações vêm pondo o lucro acima das pessoas e alguns de nós fecharam os olhos ao sofrimento alheio. Independente de termos essa conversa agora ou não, essas coisas estão acontecendo. E estamos tendo maior acesso a elas.

A tecnologia tornou a atividade de reunir e distribuir informações algo incrivelmente fácil, de modo que testemunhamos incontáveis crimes da humanidade, às vezes em tempo real. Testemunhamos pessoas morrendo, sofrendo ou causando danos a outras, às vezes no momento em que isso acontece. E ocorre com tanta frequência à nossa volta que pode parecer demais, de modo que em determinado momento surge o impulso de sair. De se desconectar, desligar.

O mais saudável para você no momento e mais saudável para todos nós no longo prazo pode não ser a mesma coisa. Tenho a sensação de que se distanciar um pouco do ciclo sem fim das notícias pode ser útil e às vezes necessário, sobretudo se você tiver algum tipo de proximidade com o tema. Basicamente: se estiver se sentindo sobrecarregado, bloqueie. Tire o tempo que for necessário e, quando achar que está seguro, volte. Para a maioria de nós, o ciclo infinito de "tristeza, indignação, desejo de fazer alguma coisa, tocar a vida" é insustentável. Reprimir a raiva e manter os ombros e a mandíbula tensos não ajuda ninguém e tira anos da sua vida. É necessário encontrar um equilíbrio.

Uma coisa a se lembrar é que existem boas pessoas no mundo. E coisas boas acontecendo. Embora a indignação se espalhe mais depressa, há boas notícias também. O que acontece é que nem sempre são veiculadas pela mídia, porque, por definição, o que é comum e onipresente não vira notícia. Há tanta bondade na experiência cotidiana de estar vivo, tantas interações e ocorrências positivas nas nossas comunidades, que isso simplesmente não é noticiado no mesmo volume. Por isso é que nos concentramos no que precisa ser mudado, nas manchetes sensacionalistas que misturam fatos e emoções em nome do choque e do entretenimento, e nos esquecemos de que pessoas comuns continuam fazendo coisas comuns.

Todo dia tem alguém dizendo alguma coisa positiva a alguém, por bondade ou gratidão. Todo dia tem alguém fazendo algo pequeno que melhora a vida de outra pessoa, mesmo sem saber. Todo dia, pessoas cozinham para gente querida. Todo dia, pessoas vão trabalhar mesmo preferindo não fazer isso, para cuidar de outras pessoas, para impactar ou melhorar a vida de outras pessoas. Todo dia você faz algo de bom, mesmo que não veja assim.

Abster-se do fluxo constante de negatividade por um período não é o mesmo que fingir que essas coisas não estão acontecendo. Sua bolha pode parecer segura por um tempo, mas vai acabar estourando. Bolhas são mágicas, lindas, iridescentes, flutuantes, mas também incrivelmente finas e literalmente vazias. Uma bolha nunca é sustentável. É um lugar maravilhoso para se visitar, para que voltemos a ser crianças por um tempo (supondo que sua infância tenha sido agradável), porém tem um prazo de validade. Se precisar de um respiro, permita-se um, mas mantenha um olho aberto para a realidade do outro lado do arco-íris, porque até mesmo uma bolha precisa existir no espaço, e o espaço é complicado.

A solução mais sustentável em que consigo pensar é aquela na qual a vibe boa e a ruim convivem e culminam em uma vibe "mais ou menos". É só quando todas as vibes coexistem que podemos chegar de fato a um equilíbrio — não uma bolha temporária, mas um novo modelo de frutas, chantili, esperança e medo suspenso em gelatina vermelha para todo o sempre. Essa sobremesa infeliz é o mais próximo que existe da realidade como a conhecemos, uma mistura de coisas boas e ruins que precisa ser reconhecida por igual, pois um pouquinho de cada acontece o tempo todo. Você até pode ficar escolhendo e comer suas frutas preferidas primeiro, mas uma hora não vai restar nada além de uma pilha de pedaços de pera sem graça, e você vai ter que comer isso também.

A FELICIDADE É (MAIS OU MENOS) UMA ESCOLHA

Algumas pessoas são mais felizes que outras. Por natureza. Essa é uma daquelas coisas em que somos todos diferentes: alguns de nós são mais felizes e isso é ótimo. Fico feliz por essas pessoas. Mas não sou uma delas, e talvez você não seja também.

Sorrir não custa nada! Um sorriso pode iluminar o dia inteiro de alguém! Mas às vezes é difícil demais. Às vezes nem é tão difícil, só não tenho vontade. A felicidade é uma escolha, e, para ser sincero, não é algo que eu escolha o tempo todo, ainda que obviamente fosse fazer com que eu me sentisse melhor.

Já ouvi dizer que, quando você não está se sentindo bem, deve pôr um sorriso falso no rosto até que uma hora ele vai se tornar verdadeiro. Costumo pensar nisso. Você já se olhou no espelho por mais tempo que o normal, começou a fazer careta e acabou se assustando um pouco sem querer, então abriu um sorriso e acabou dando risada? Isso costuma funcionar comigo. Às vezes, o sorriso verdadeiro vem.

Os biscoitos da sorte já nos ensinaram que a felicidade não está no destino, mas na jornada. A felicidade é um vaivém constante, que exige trabalho. Às vezes, você fica feliz sem motivo, e para mim esse é o melhor tipo de felicidade. A felicidade também pode ser resultado do impacto de alguém na sua vida, por isso é bom reservar um momento para reconhecer e agradecer a essas pessoas mais felizes por espalharem um pouco da sua alegria no nosso caminho. Às vezes, vem de uma ocasião, de algo legal que fizemos por nós mesmos, como tomar um café, passar dez minutos sozinho, ouvir sua música preferida durante uma caminhada acelerada por um corredor bem longo quando parece não haver ninguém por perto. Fazemos escolhas para nos agradar em determinado momento. A felicidade não estava ali, mas a criamos. E essa felicidade foi uma escolha.

Há várias situações em que seria muito mais fácil sentir tudo menos felicidade. Diante de uma experiência assustadora, difícil ou trágica, costuma ser mais simples se permitir sentir medo, aflição ou tristeza. Na verdade, essas são respostas completamente normais e naturais, dignas de ser apenas sentidas por um tempo, antes de se começar a explorar e abordar suas causas. Processar nossas emoções corretamente nos ajuda a compreender por que podemos nos sentir compelidos a fazer o que fazemos, e nos ajuda a lutar contra esses impulsos quando não nos farão bem. Se sempre que estou estressado faço algo que claramente não é positivo para me acalmar, talvez seja o caso de lidar com esse estresse em vez de recorrer direto ao mecanismo de enfrentamento.

A felicidade é uma escolha, mas isso não torna nada fácil. Não é uma questão de "SE ANIMA, P*RRA" (embora, no contexto certo, isso seja engraçado). É uma questão de escolher fazer o trabalho necessário para ser feliz. É uma questão de ser absolutamente honesto consigo mesmo e decidir, às vezes depois de um longo tempo, que você tem dificuldade em ser feliz. É uma questão de escolher construir uma ponte entre onde você está agora e onde a felicidade pode ser encontrada. Implica fazer mudanças reais na sua vida que criem um ambiente feliz para você.

Escolher a felicidade significa escolher a si mesmo em situações que conduzem à sua infelicidade (ou que se beneficiam dela). Talvez exista uma pessoa na sua vida que não pareça te dar a mesma prioridade que você dá a ela. Você pode se sentir preso a um ambiente que não te oferece o tempo e o espaço para ser feliz, ou que te deixa sem a energia necessária para isso. Às vezes, escolher a felicidade significa se extrair por completo. Outras vezes, é algo menos drástico, mas que ainda exige repensar como permitimos que circunstâncias externas impactem o nosso eu.

Como filtrar um pouco de toda a m*rda? Como encontrar o lado positivo, que faz o período de trabalho intenso e duro valer a pena? Você está com dificuldade porque pegou o caminho que leva aonde quer chegar? Ou por causa de uma circunstância que torna a sobrevivência diária uma luta?

Não tenho as respostas, porque as circunstâncias são diferentes para cada um de nós. Só tenho algumas perguntas que você pode querer considerar com seriedade. Saia um pouco da sua realidade e reflita:

Isso é necessário? Estou me negando uma felicidade merecida? Essa pessoa se importa comigo da maneira como mereço? Essa situação conduz a uma vida melhor ou estou apenas seguindo o fluxo?

Ser uma escolha não significa que seja fácil. Faça mais perguntas:

Minha felicidade depende inteiramente de circunstâncias externas? Estou procurando a felicidade em coisas materiais ou experiências ou atenção alheias? Sou incapaz de encontrá-la dentro de mim? Estou convivendo com emoções negativas por mais tempo do que é proveitoso? Estou evitando o trabalho duro?

Sua saúde mental é algo real e, como todo o resto, pode se beneficiar de atendimento profissional de vez em quando. Não estou aqui para dar diagnósticos (e não sou terapeuta), mas é absolutamente normal precisar de uma ajudinha. Se você estivesse sangrando, eu sugeriria um curativo. Se tem certa consciência de uma dificuldade de se sentir bem, mesmo quando as circunstâncias apontam para a felicidade, aceite o fato de que você está tendo mais dificuldade de lidar com isso sozinho do que o necessário e procure recursos que podem ajudar.

Estar consciente das suas escolhas relativas à saúde mental abre um leque de opções. Compreender que o que você está sentindo pode não ser racional te dá a oportunidade de analisar tentativas passadas de lidar com o mesmo sentimento e chegar à raiz do problema dessa vez.

Preciso dar uma volta? Preciso tomar mais sol? Preciso de mais nutrientes? Preciso aumentar minha frequência cardíaca? Preciso ouvir Whitney Houston cantando "I Wanna Dance with Somebody (Who Loves Me)" até tudo melhorar?

Talvez você ache que sabe quais são suas opções e talvez já tenha feito a escolha que pareceu melhor. Mas e se houvesse mais opções? (Sempre há mais opções.)

E se a felicidade estava dentro de você o tempo todo, só precisando de uma ajudinha para ser amplificada?

Sim, bote um sorriso no rosto. Mas também fale com um médico sobre os recursos e ferramentas disponíveis. Um carpinteiro não faz nada sem ferramentas. Usar um martelo não é sinal de fraqueza: é a maneira de firmar o prego na madeira e manter a estrutura unida. Se não está funcionando, tentar bater no prego com as próprias mãos não só é inútil como pode machucar. Você deve conhecer toda a caixa de ferramentas, ou pelo menos aprender o suficiente para saber quais ferramentas já tem e a quais pode recorrer mais tarde, como um plano B. Se necessário, você pode bater no prego com um tijolo. Só é muito mais complicado do que usar um martelo, fora que um tijolo não tem aquela parte bifurcada para puxar o prego de volta.

Escolher a felicidade não é tão simples quanto parece. Mas só se tem uma vida, e quanto antes você começar a fazer mudanças positivas, mais tempo vai ter para explorar como é a sensação.

VOCÊ NÃO SE
DEFINE HOJE
PELO QUE
SENTIU ONTEM.

ACHO QUE TODOS
COMPREENDEMOS
QUE A MUDANÇA
EXIGE MUDAR.

FELICIDADE (E TODAS
AS OUTRAS COISAS
QUE PODEMOS QUERER)
DÁ TRABALHO.

SONHOS SE TORNAM REALIDADE, MAS TALVEZ NÃO O SONHO QUE VOCÊ ACHOU QUE ESTAVA BUSCANDO.

SEJA FLEXÍVEL E VOCÊ DESCOBRIRÁ QUE O MUNDO VAI TE ENCONTRAR NA METADE DO CAMINHO.

FÉ É ALGO COMPLICADO, MAS ACREDITAR NO INTANGÍVEL PODE TORNAR A SUA VIDA MAIS FÁCIL DE CONDUZIR.

PARA SUA APRECIAÇÃO: ACREDITE NO AMOR.

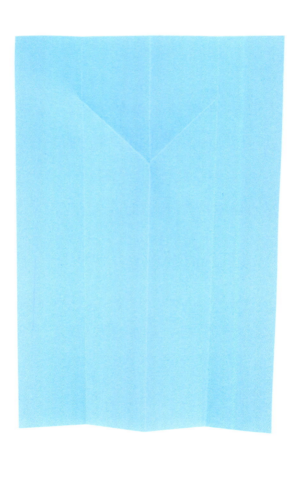

O AMOR É POSSÍVEL.

O AMOR ESTÁ LÁ FORA.

O AMOR É REAL.

O AMOR EM SI
É PROVA DE
QUE O
AMOR EXISTE.

SE FOR PACIENTE,
PODE ACABAR
DESCOBRINDO QUE
O AMOR ESTEVE
DENTRO DE VOCÊ
O TEMPO TODO.

O AMOR É REAL

Como ideia, o amor é tão difundido que permeia todos os elementos da nossa vida. "Te amo" encerra conversas, "Amei!" comunica entusiasmo, e todo mundo pode ser um "amorzinho", inclusive quando não é nem um pouco. Entendemos o amor como um conceito, o símbolo de um sentimento de conexão, mas nem sempre o compreendemos de verdade. Ou pelo menos eu não compreendia.

É claro que amo minha família, amo meus amigos, amo pão e amo música, mas o que será que isso significa exatamente? Os Monkees cantavam: "*I thought love was only true in fairy tales*" [Eu achava que o amor só era verdade nos contos de fadas], uma ideia transmitida às gerações posteriores pela versão do Smash Mouth para a trilha de *Shrek*. Por um longo tempo, tive que concordar: o amor era algo que existia, mas que era "*meant for someone else but not for me*" [destinado a alguém, mas não a mim]. O amor era amplo e abstrato, e parecia tão cheio de significado que acabava se tornando completamente sem sentido.

"*And then I saw her face!*" [Então eu vi o rosto dela!] Bom, não exatamente, mas algo bem parecido. Vi uma foto de um cara fofo e o segui nas redes sociais por seis meses antes de finalmente convidá-lo para sair no que acabou se provando o momento perfeito para ambos.

Eu me apaixonei, e foi muito real e plenamente possível, aconteceu depressa e com intensidade. Amor! Uma emoção humana verdadeira, um sentimento composto de muitos outros (empolgação, ansiedade, desejo, medo) que guiava minhas decisões, consumia meus pensamentos e definia muitos dos primeiros dias do nosso relacionamento.

Muitas pessoas já compreendem o amor de uma maneira tangível, sem precisar necessariamente esperar por gestos grandiosos e românticos ou por luz de velas para reconhecê-lo como verdadeiro. Infelizmente, cheguei um pouco atrasado à coisa toda — em parte porque era ignorante, em parte porque estava sempre em casa e em parte porque fui cego. Compreender o amor além das músicas pop e dos cartões comemorativos desencadeou uma série de outras realidades emocionais em mim. Os laços genuínos que criamos com alguém, ligando duas pessoas que de outra forma não compartilhariam uma história. Duas pessoas com nada que as una necessariamente. E, no entanto, aqui estou eu, amando tudo relacionado ao amor ao mesmo tempo que decido como e quando, se necessário, levaria um tiro por essa pessoa que já foi uma completa desconhecida. Eu amo o amor!

O amor encorajou meu crescimento pessoal, me levou a um entendimento mais amplo dos outros, me deu algo a que me segurar quando eu estava cansado, me ajudou a criar futuros em potencial pelos quais trabalhar. O amor é real, assim como uma miríade de emoções. O amor é real, de modo que os sentimentos devem ser válidos. O amor é real, e todo mundo tem a capacidade de amar. O amor é poderoso, portanto todo mundo deve ter a capacidade de suportar poder. "Amor é amor" (mas de verdade).

O amor não era real para mim antes porque eu não o sentia da maneira mais óbvia, dramática e romântica. Isso fazia com que eu negligenciasse as muitas formas de amor que já vivia. Muita gente já acreditou no amor e depois o esqueceu ou mudou de ideia. Pode ser difícil se reconciliar com a crença, ainda mais para aqueles que sofreram uma decepção com outras formas de fé. Talvez você tenha sentido uma versão do amor antes, mas então seu coração foi partido em meio ao turbilhão e à posterior dissolução do relacionamento. Mas o amor em si é prova de que o amor existe. Se você já amou alguém, sabe que é uma coisa verdadeira, que as pessoas sentem. E se o amor é verdadeiro, definitivamente há esperança de que você volte a senti-lo.

Mas palavras são só palavras nesse caso. Você precisa sentir o amor mais profundo e inato, conhecê-lo, vivenciá-lo, aferrar-se a ele. Se ainda está na espera, torço para que escolha acreditar. No meu caso, esse conhecimento me levou a acreditar no poder verdadeiro do amor de construir pontes e promover mudanças. Transformei essa fé em um mantra que me mantém ancorado quando começo a me perder. Se ajudar, use-o também e transforme-o em verdade. COISAS BOAS ACONTECEM. O AMOR É REAL. VAMOS FICAR BEM.

COISAS BOAS
ACONTECEM.

O AMOR É REAL.

VAMOS FICAR BEM.

A NEGATIVIDADE
FORNECE UM CONTEXTO
PARA A POSITIVIDADE.

* INFELIZMENTE,
PRECISAMOS DE AMBAS.

VOCÊ JÁ SABE QUÃO RUIM AS COISAS PODEM FICAR. SE CONCENTRAR NA MUDANÇA POSITIVA NÃO É A MESMA COISA QUE IGNORAR.

VOCÊ PODE ESTAR
SOZINHO NESSA
JORNADA, MAS
ISSO NÃO SIGNIFICA
QUE NÃO POSSA
PROCURAR AJUDA.

O MUNDO É MUITO
MAIOR DO QUE
PODEMOS IMAGINAR...

POR QUE NÃO HAVERIA
ALGUÉM QUE ENTENDE?

USE AS FERRAMENTAS
QUE TIVER
OU ENCONTRE AQUELAS
DE QUE PRECISA.

TALVEZ VOCÊ PRECISE DE UMA SEPARAÇÃO PARA TER O ESPAÇO QUE MERECE.

INSPIRE

EXPIRE

INSPIRE

EXPIRE

SEM PARAR

SOU UMA FERRAMENTA OU UMA ARMA COMPLETAMENTE LIVRE, O QUE É ASSUSTADOR

Tenho uma obsessão por usar o lápis como metáfora. O lápis é uma das ferramentas mais onipresentes em que consigo pensar, um objeto do dia a dia útil para escrever e para exercer a criatividade de outras maneiras. São baratos, duram bastante e desde 1858 podem até incluir uma borracha na ponta (o que é genial). Deve haver um lápis a menos de seis metros de você neste momento. O lápis desempenhou um papel fundamental em inúmeros trabalhos criativos importantes, e é indispensável no processo de esboçar e planejar quase tudo. A maior parte do meu trabalho envolve lápis e papel. O lápis já me deu muitas coisas.

Também é possível matar alguém com um lápis. Com força e foco o bastante, dá para apunhalar alguém pelas costas e perfurar um pulmão (embora eu não tenha tentado). Um lápis é ao mesmo tempo uma ferramenta criativa incrível e uma arma capaz de dar fim a uma vida… assim como você.

Todo mundo é especial e único. Você é especial e único. Mas, vamos ser sinceros, somos muitos. Assim como os lápis, seres humanos são bem comuns. Deve haver um ser humano a menos de seis metros de você neste momento! Cada um de nós contém um mundo de possibilidades, para fazer o bem, promover mudanças, atribuir significado, preparar um sanduíche. Também contemos a capacidade de fazer mal aos outros e a nós mesmos, de destruir uma vida, uma oportunidade, um lar. Você é uma ferramenta ou uma arma e conta com livre-arbítrio. Eita!

Essa ideia ficou clara para mim em um momento revelador e muito dramático quando eu tinha 23 anos. Eu não acreditava totalmente em mim mesmo, mas de repente passei a acreditar. Tudo se encaixou, e compreendi que eu tinha potencial, que poderia fazer algo de bom e dividir com os outros, que poderia exercer um impacto positivo e (estou simplificando demais, mas releve isso) que a única coisa me impedindo era eu mesmo. Só precisava tentar, e poderia criar algo. Qualquer coisa!

Essa sensação me abalou profundamente, pois eu estava em conflito com muitas mentiras que havia contado a mim mesmo sobre minhas habilidades, minha importância e meu valor. Senti um potencial infinito em mim como artista e como pessoa. De repente, eu tinha algo especial — eu mesmo —, e de repente eu tinha algo a perder. A sensação foi de ter descoberto um segredo, de que o universo se abria de alguma maneira, de ter ganhado poderes mágicos. De certa maneira, a autoconfiança em alguém inseguro é mesmo um poder mágico. Fiquei muito empolgado, mas também morrendo de medo quando me dei conta de que meu poder era ao mesmo tempo bom e ruim, e que talvez eu morresse antes de usá-lo de fato.

É claro que nada disso era racional, e com certeza vinha de muitas outras circunstâncias e fatores de estresse na minha vida que haviam feito com que eu me esquecesse de que tinha poder e perdesse minha realidade de vista. Eu provavelmente não corria risco imediato de morrer. Mas, para me certificar de que não esqueceria, fiz o que muitas vezes faço: anotei a ideia. Como também é a minha cara, gravei a ideia em um objeto — um artigo de papelaria —, transformando mais um conselho na minha versão de uma música pop. Entrei na internet e encomendei 720 lápis personalizados.

SOU UMA FERRAMENTA OU UMA ARMA COMPLETAMENTE LIVRE, O QUE É ASSUSTADOR. Centenas (mais de sete centenas) de lembretes do meu potencial e da minha mortalidade, gravados no corpo de lápis nº 2 amarelos hexagonais.

Desde então, voltei a essa frase repetidas vezes. Sempre que entro em pânico, sempre que me esqueço do meu poder inato, volto a isso. Sou uma ferramenta ou uma arma. Ter poder é assustador. Todo dia é uma escolha. Fazer essa escolha é assustador. Mas fazer essa escolha é a essência do ser humano. Sou um ser humano. Lápis são ferramentas. Eu sou uma ferramenta. Isso é engraçado, mas verdadeiro. Eu sou engraçado e verdadeiro. Mereço existir. Posso fazer coisas que não existiam antes existirem agora. É uma dádiva. Eu sou uma dádiva. Continue.

Cada um de nós contém o poder inato de criar ou destruir, e todos os dias escolhemos o que fazer com esse poder. Alguns dias, usamos esse poder para ficar deitados no sofá vendo TV e comendo pipoca. Outras vezes, passamos doze horas debruçados sobre uma mesa criando algo terrível, que com muita edição e paciência pode acabar se tornando algo especial. Alguém vai escrever o próximo grande romance que definirá uma época. O romance vai inspirar um grupo de músicos a criar um hino do rock que motivará um atleta de ponta, que por sua vez vai encorajar a próxima geração de atletas a derrubar barreiras e mudar o esporte para sempre. Nossa habilidade de provocar mudanças pode ir muito além do nosso alcance individual ou da nossa vida. Alguns de nós também vão destruir, machucando pessoas à sua volta com suas palavras e ações, ou ferindo a si mesmos por meio de escolhas pessoais infelizes.

Considero o lápis importante como um grande nivelador. Não temos acesso aos mesmíssimos recursos e ferramentas. Não contamos com os mesmos suprimentos. Não temos os mesmos privilégios, não recebemos o mesmo encorajamento, não fomos igualmente inspirados. Mas a maioria de nós tem acesso a lápis e papel. A maioria de nós tem acesso a essa ferramenta simples e a capacidade de usá-la para criar algo. Pode não ser algo grandioso. Pode não ser algo importante. Mas, se conseguirmos usar o que temos à mão para produzir algo que leva a um momento de alegria, ou um pouco mais perto do que vamos fazer em seguida, então teremos usado nosso poder para o bem.

Conforme cresço como pessoa e como artista (uma pessoa com uma voz, que aprendeu a usá-la para ajudar a si mesma e aos outros), vou adquirindo novas ferramentas. Abracei a tecnologia e softwares que contribuem com minha capacidade de criar. Mas nunca esqueci o lápis. Mesmo que a opção de recriar seu efeito digitalmente tenha se tornado cada vez mais convincente, me mantive firme na crença de que há algo intrinsecamente humano e inatamente emotivo no lápis, de modo que continuo a usá-lo.

Não só para mim mesmo, mas como um elemento central do meu trabalho, integral ao éthos do que crio, de como crio e do meu mantra AS COISAS SÃO O QUE FAZEMOS DELAS.

Todos temos poder. Todos temos acesso a recursos suficientes para dar utilidade a nossas ferramentas, a nossas experiências, a nós mesmos. Você é completamente livre, e embora seja assustador, isso também é incrível. Eu não acreditava em mim mesmo, mas agora acredito, e acredito em você também.

AS COISAS
SÃO O QUE
FAZEMOS DELAS.

MEUS MECANISMOS DE ENFRENTAMENTO SÃO MEUS GATILHOS, MAS AQUI ESTÃO ELES, DE QUALQUER MANEIRA

O autocuidado é genuinamente importante, e tem sido incrível acompanhar o fortalecimento e a valorização das práticas, técnicas e rituais de autocuidado ao longo da última década. Talvez seja o espaço em que circulo, ou talvez seja a cultura de modo geral, mas para mim é bastante útil poder falar sobre aquilo de que preciso para manter a mente sã e deixar isso claro para os outros de modo a não ser julgado como carente ou egoísta. Tenho a impressão de que a saúde mental está sendo amplamente reconhecida como algo real... e atendida pelo menos de certa maneira.

Uma coisa interessante sobre mim é que estou sempre analisando tudo. Talvez não de uma vez só (ainda bem), mas definitivamente penso demais e desconstruo coisas que seria melhor apenas aceitar ou desfrutar. Não que eu seja superinteligente, mas meu cérebro *pensa* que sou superinteligente e parece decidido a me convencer de quão inteligente sou me fazendo processar coisas que não preciso processar constantemente, até que todas as experiências estejam arruinadas para mim.

Assim, como alguém gritando "CALMA!" quando você está nervoso (o que não ajuda em nada), meu cérebro identifica que estou surtando e me fornece imediatamente uma lista de dicas de autocuidado para combater a sensação. Beba água. Faça exercícios respiratórios de ioga. Então, na sua falsa sabedoria infinita, meu cérebro identifica que se trata de um mecanismo de enfrentamento, o que significa que há algo que precisa ser enfrentado, disparando um segundo alerta vermelho, porque agora não estamos apenas preocupados com a causa da ansiedade ou do pânico, mas também em estado de alerta geral para um evento de transtorno mental que exige que nos debrucemos sobre a coisa toda.

A parte boa é que muitas dessas dicas que começam a inundar meu cérebro são úteis e ajudam de verdade. Como aprendi em parte graças a "Breathe", sucesso de 2003 de Michelle Branch, se eu me concentrar em respirar e permitir que o ar preencha os espaços vazios, vou saber que está tudo bem. Minha frequência cardíaca vai desacelerar e vou ser capaz de interromper todo o processo antes que os alertas vermelhos e os mecanismos de enfrentamento entrem com tudo no modo "mania".

Aqui vai uma lista de mecanismos de enfrentamento úteis que podem ser transformados em gatilhos pessoais ou distrações para não lidar com a causa dos seus problemas. Ou, se você não for como eu, pode ser apenas uma lista de dicas úteis!

- Crie espaço para si mesmo (distancie-se fisicamente das outras coisas).

- Respire profundamente e com intenção.

- Tome um copo de água, porque seu corpo é água, você precisa de água e tudo é água.

- Crie espaço para si mesmo (o conceito emocional de um "espaço" seguro na sua mente aonde "ir").

- Coma algumas cenourinhas baby e desfrute de como são crocantes e geladinhas.

- Dê tempo a si mesmo, porque não estamos em uma corrida (ainda que, por algum motivo, você esteja suando).

- Contemple o significado de tudo (de maneira não desesperadora).

- Seja paciente consigo mesmo.

- Sorria para seu reflexo no espelho até sentir vontade de sorrir de verdade (seja porque o truque do sorriso funcionou ou só porque é engraçado sorrir para si mesmo no espelho por mais de cinco segundos).

- Ouça aquela música que você sabe de cor, cada palavra, cada nota e cada batida, que põe seu cérebro no piloto automático.

- Faça algo com as mãos (cerre-as em punho, segure o polegar, entrelace as mãos atrás das costas, movimente os dedos).

- Faça algo com as mãos (algo tátil, como passar o ancinho em um jardim zen — brincadeira, quem é que tem um jardim zen de emergência sempre à mão? Mas talvez você possa rasgar, dobrar e enrolar pedacinhos de papel repetidas vezes, formando canudinhos, sanfoninhas ou confetes que vai perder no bolso, guardar na carteira por três anos ou transformar nas imagens deste livro).

- Faça ruídos (pronuncie as vogais em voz alta, cante ou fale consigo mesmo, sem ninguém por perto para questionar sua sanidade).

- Dê uma volta.

- *Não* beba café (conselho altamente subestimado, mas muito recomendável).

- Veja um filme sozinho (em uma sala escura onde não há problema nenhum em chorar).

- Leia um livro para o seu cérebro se concentrar em algo que não seja você.

- Ligue para alguém (apenas se estiver pronto para falar com calma com outra pessoa ou se estiver tão perdido que talvez precise contar tudo a alguém para receber ajuda).

- Procure memes motivacionais e os compartilhe em algum grupo até alguém perguntar se você está bem.

- Fale com um terapeuta (ouvir é literalmente o trabalho da pessoa).

- Tome a medicação prescrita por um médico que tenha uma abordagem holística e colaborativa.

- Faça uma lista de dicas de autocuidado.

TALVEZ A GENTE
DEVA FALAR

SOBRE AS COISAS
QUE NÃO FALAMOS

ANTES QUE SEJA TARDE
DEMAIS PARA FALAR
SOBRE ELAS.

TODO MUNDO COMEÇOU EM ALGUM LUGAR.

NÃO TEM PROBLEMA
E É TOTALMENTE
NORMAL DESMORONAR
ÀS VEZES...

PROCURE MANTER OS
DESTROÇOS JUNTOS.

SE EM ALGUM MOMENTO VOCÊ SENTIR QUE NÃO TEM O BASTANTE PARA CRIAR ALGO DIGNO, LEMBRE-SE DE QUE ISTO AQUI É SÓ PAPEL E LÁPIS, E AINDA ASSIM EXISTE.

O TEMPO DE FATO CURA MUITAS FERIDAS, PORTANTO VOCÊ VAI TER QUE ESPERAR PARA VER!

EU COSTUMAVA PENSAR QUE NÃO DAVA PARA TER ALGO BOM EM EXCESSO...

E ESTAVA ERRADO.

O QUE ACONTECE QUANDO VOCÊ CONSEGUE O QUE QUER E PASSA A QUERER OUTRA COISA?

ÀS VEZES SINTO
QUE SOU ESPERTO
DEMAIS PARA O MEU
PRÓPRIO BEM.

ÀS VEZES NÃO
SINTO NADA.

MANTENHA A CALMA.

RESPIRE FUNDO.

BEBA ÁGUA.

ESTÁ TUDO BEM.

SIGA EM FRENTE.

TUDO BEM NÃO
~~ESTAR BEM~~ SER
COMPLETAMENTE
CURADO POR UMA
FRASE DE EFEITO.

(PEÇA AJUDA.)

A MORTE É
INEVITÁVEL, CLARO,
MAS NÃO PRECISA
DE ASSISTÊNCIA
IMEDIATA.

VOCÊ MERECE
ESTAR AQUI TANTO
QUANTO QUALQUER
OUTRA PESSOA.

ALGUMAS PESSOAS PENSAM EM MORRER DE VEZ EM QUANDO ☺

Sei o que você está pensando. Que este é um livrinho "com uma pegada de autocuidado" e "mais barato que terapia, hahaha", mas quero deixar claro que ser feliz ou otimista é uma escolha — que nem sempre faço. Às vezes, já é bem difícil se manter vivo.

Estar vivo não exige otimismo e animação constantes, e todo mundo tem dias ruins. É importante reconhecer emoções nem um pouco felizes para poder avaliá-las, trabalhá-las e superá-las. Mas, às vezes, é mais do que um dia ruim. Às vezes, é difícil seguir em frente.

Falar sobre a morte é algo muito natural para mim. Talvez seja um lance cultural. Fui criado em um lar judaico, de modo que com frequência falávamos de familiares que não estavam mais conosco. Havia toda uma parede com porta-retratos de parentes cuja vida fora abreviada, e acho que certo humor ácido se tornou um mecanismo de enfrentamento para mim e para muitos outros. Talvez você se identifique com isso pelos seus próprios motivos. Muitas culturas abraçam a morte como parte da vida, e o humor ácido não é restrito aos judeus (embora às vezes me pareça que fomos nós quem o aperfeiçoamos). Não fico tão incomodado com conversas sobre a morte ou mesmo piadas ocasionais como outras pessoas ficam. Até a expressão "prefiro morrer" é uma versão mais branda da ideia de que nós, como sociedade, assimilamos o tema para fins de conversa sem que qualquer adendo seja necessário. "Prefiro morrer a comer esse sorvete horrível que você comprou." Dramático, mas socialmente aceitável.

Mas falar sobre de fato querer dar fim à própria vida é algo diferente.

Em primeiro lugar: por favor, converse com alguém caso esteja se sentindo assim, porque isso vai passar, e é bom ter companhia e ajuda enquanto espera. Não vou ser mais prescritivo que isso aqui, mas você sabe do que estou falando, e é claro que faço parte do time Não Se Mate (deveríamos fazer camisetas). Quando eu de fato, com tudo de mim, profunda e genuinamente senti que não queria mais existir, fui atrás de ajuda. E depois não falei mais a respeito. Até agora.

Acho importante reconhecer que há muitas pessoas vivas no mundo que em determinado momento pensaram em morrer. Se você se identifica com isso, saiba que não está sozinho. Se não se identifica, bom para você, de verdade! Deve ser incrível.

Nunca mais me senti tão para baixo, ainda bem, apesar de alguns momentos de desespero e apatia ao longo dos anos. A cura é um processo contínuo, portanto estou sempre me curando. Mas me lembro da sensação de estar no fundo do poço, e carrego um tipo muito específico de empatia comigo desde então.

Sei como é sentir que as opções se esgotaram, e não apenas na teoria. Também sei que uma rede de apoio formada por relacionamentos, terapia, medicação, autocuidado e autoconhecimento pode impedir uma pessoa de voltar ao fundo do poço se ela estiver disposta a se dedicar.

Devemos todos proferir nossa escuridão aos gritos do alto dos telhados? Devemos mesmo fazer camisetas? As respostas são não (mantenha-se longe de telhados) e talvez (se forem fofas).

É compartimentalizando o que dividimos com os outros que nos protegemos! E não há maneira fácil de mencionar esse assunto em uma conversa casual. Esse é o motivo pelo qual vou fazer isso aqui e agora, no espaço seguro deste livro, de modo um pouco vago, apoiado nas minhas próprias versões de humor e sensibilidade, com minha própria voz, de maneira tão pura quanto possível: eu queria mesmo morrer, mas não morri! Com o tempo, muito trabalho e ajuda, melhorei e passei a me sentir melhor! As coisas não estão perfeitas, mas estão bem aceitáveis! Sou capaz de escrever este parágrafo inteiro sem surtar!

Uma hora, você vai se sentir melhor. A vida vai melhorar, porque você vai sobreviver, crescer, realizar, se conectar e encontrar poder em quem você é. Coisas que são difíceis hoje ficarão mais fáceis no futuro. Você vai aprender muito a respeito de si mesmo. Ainda há muito por vir, e seria ótimo se você ainda estivesse por aqui para viver tudo isso.

RAZÕES PARA CONTINUAR VIVO

Vamos pensar, hipoteticamente, em um cenário possível mas teórico em que uma pessoa que nenhum de nós conhece, um amigo de um amigo, talvez sentisse que não quer mais estar vivo. É claro que não se trata de ninguém que conhecemos, portanto podemos falar a respeito com toda a segurança. Agora que estabelecemos as regras gerais, consigo pensar em alguns motivos pelos quais vale a pena continuar vivendo:

- Ainda há muito a fazer (incluindo aquilo que você vive adiando).

- Há pessoas que precisam de você e merecem ter você por perto.

- Tudo bem não ser perfeito, e ninguém espera que você seja perfeito, então por que está se prendendo a esse padrão impossível e desnecessário? Agora que isso ficou claro, você pode ter certeza de que é bom o bastante para estar aqui.

- Seu corpo regenera suas células o tempo todo, portanto você será literalmente outra pessoa no futuro, e seria incrível estar aqui para presenciar isso.

- Há muito mais músicas para ouvir no mundo, e elas nunca estiveram tão disponíveis ou acessíveis a você.

- Ainda não sabemos o que acontece no fim da nona temporada da sua vida, e muitos fãs vão ficar bravos se a série terminar em um momento crucial.

- A ciência é algo real, e muitos estudos indicam que você não precisa se sentir mal a p*rra do tempo todo. Se você se identifica com isso, pode ser um bom momento para tentar alguma coisa e fazer uma reavaliação em seis meses.

- Livros, ponto final.

- Você já experimentou todo tipo de comida? Existem comidas muito boas, deliciosas, e você pode simplesmente comê-las. Dá para comemorar uma ocasião especial (como estar vivo) fazendo uma refeição ao mesmo tempo nutritiva, saborosa e muito, muito agradável.

- A morte parece algo meio dolorido, sei lá.

- Muitas coisas na sua vida que parecem difíceis ou assustadoras são totalmente circunstanciais; ou seja, mesmo que você sempre continue essa mesma versão sua (o que é improvável), os eventos e as situações que te cercam definitivamente não permanecerão os mesmos. Você pode estar muito perto de quem deveria ser, só que lidando com uma situação bastante tensa ou difícil. A situação pode se resolver sozinha ou você pode resolvê-la mais cedo do que imagina. É uma armadilha se definir pelas circunstâncias do momento, e não por quem realmente somos. Se você está lendo isso agora, no mínimo é capaz de ler (uma habilidade que não tinha ao nascer) e conseguiu arranjar um tempo para pegar este livro (e portanto tem neste momento uma forma de controle sobre sua vida e suas circunstâncias que nem sempre as pessoas têm). Você não se define apenas pela situação em que se encontra, e tem mais poder do que imagina.

- Sua experiência pode ajudar outras pessoas, e ajudar outras pessoas pode ser uma experiência incrível e recompensadora.

- Eu já falei de música? Adoro música e fico muito animado quando os músicos criam material novo, o que acontece o tempo todo, porque é o que eles fazem. Aliás, se você é músico, tenho que dizer: uau, obrigado. Música é algo muito poderoso e, para mim, a prova inegável de que a arte é necessária e importante.

- "O sol vai nascer amanhã" é uma citação do musical *Annie* e é uma verdade objetiva. É útil se agarrar a coisas que são verdades objetivas quando todo o resto a que nos agarramos foi meio que fabricado pelo nosso cérebro e apresentado como verdade.

- Manter-se vivo é tão fácil que você está fazendo isso agora mesmo, portanto nem precisa se incomodar em modificar qualquer coisa.

- Pássaros e peixes existem! Pássaros estão por aí, no céu, fazendo o que eles fazem. Voando em formação com outros pássaros, vendo tudo, cuidando dos seus filhotes, construindo um lar a partir de coisas aleatórias que encontram, sentando-se sobre ovos por um tempo até que mais pássaros nasçam deles. É lindo. E os peixes! Eles ficam nadando, mordiscando migalhas, procurando seu lugar, se deslocando na água com uma intenção, ou às vezes preguiçosamente, absorvendo tudo com seus olhos grandes e redondos. Tanto "olho de peixe" quanto "olho de pássaro" são expressões usadas na língua inglesa. Estamos tão conscientes das suas perspectivas únicas e da maneira como veem e navegam por seu espaço que incorporamos a maneira como percebem o mundo na linguagem. Nunca tive um pássaro, porque imagino que deva dar muito trabalho, mas tive um peixe. Adoraria ter outro, para poder dar comida e colocar um daqueles bauzinhos do tesouro no aquário. Mas, voltando, não se mate, por favor.

SIM, O SOL VAI NASCER AMANHÃ, MAS ELE TAMBÉM ESTÁ NO CÉU AGORA MESMO, AINDA QUE TALVEZ NÃO AQUI, O QUE EU CONSIDERO BASTANTE ENCORAJADOR.

O QUE VEM DEPOIS DA SOBREVIVÊNCIA?

Algo que sei com absoluta certeza é que todo mundo passou por algum tipo de dificuldade. Uma experiência ou um evento complicado, assustador ou apenas não tão legal, que não matou a pessoa e a deixou mais forte (como Kelly Clarkson cantaria). Eu preferiria que isso não fosse verdade, que mesmo que o restante de nós tivesse passado por isso você pudesse ser poupado e levar uma vida 100% fácil e boa, mas sei que não é assim que funciona. Se está pensando de maneira crítica sobre sua vida no momento e chegou à conclusão de que "hum, uau, na verdade não é meu caso", por favor, me deixe ser o primeiro a te avisar/dar as boas-vindas, porque alguma m*r-da vai acontecer.

A Coisa, o que quer que seja, pode parecer muitas outras coisas.

Primeiro, parece O Fim. "É isso! Valeu, pessoal! Eu me diverti, fiz amigos, aprendi a andar de bicicleta, comi um monte de frutas diferentes. Minha vida foi razoável. Agora tudo acabou, porque a Coisa está me esmagando, vou literalmente morrer, e se não paro de falar é porque isso me ajuda a lidar com a situação, mas, tipo, tchau, estou morrendo de medo e me preparando para o fim." Parece mesmo que vai ser O Fim, e não quero ser negativo, mas para algumas pessoas uma experiência similar poderia mesmo ser O Fim; portanto, com toda a sinceridade, é um milagre (ou algo do tipo) você ainda estar aqui.

Depois, parece Sua Identidade. Essa Coisa monumental que não te matou mas aparentemente poderia ter matado agora vai definir toda a sua vida. Tipo, como não seria assim? A Coisa Que Aconteceu com você foi gigante, assustadora, total. "Quem, eu? Ah, oi, sou A Pessoa Que Sobreviveu À Coisa." Isso pode parecer sua identidade porque outros não conseguem pensar em você como nada além da experiência. Cada conversa parece marcada por um excesso de compaixão e cautela, e é apreciada até se tornar irritante e desnecessária.

Se não são as outras pessoas que criam essa sua nova identidade, talvez seja você mesmo, enquanto se esforça para descobrir quem é depois da Coisa Que Aconteceu e tomando a Coisa como Eu. A culpa do sobrevivente te mantém amarrado. Você não tem certeza de quem é depois, mesmo com o passar do tempo. Ou a parte de você que foi treinada pela sociedade e as redes sociais a transformar cada experiência vivida em um pedacinho de sua identidade agora te diz para alterar sua marca pessoal pública para #EmbaixadorDaCoisa ou #AtivistaDoAcontecimento. Nada disso precisa ser verdade. A Coisa em si não é uma identidade.

Uma hora, você segue em frente, tanto porque quer quanto porque não tem escolha. A vida continua, e a única providência a se tomar depois de uma quase parada é recuperar o tempo perdido e então voltar ao ritmo normal. Porém A Coisa continua ali, no retrovisor. Foi ultrapassada, mas você fica de olho nela, para garantir que não saia do lugar enquanto você abre uma distância suficiente para se sentir seguro. Você está no banco do motorista, mas um pedacinho seu fica olhando pelo retrovisor o tempo todo, o que te impede de olhar direito para a frente, o que por sua vez te impede de sentir que pode pisar fundo. Você segue em frente, talvez um pouco abaixo do limite de velocidade por um tempo, mas uma hora acaba alcançando os outros. Embora de vez em quando dê uma surtadinha ao mudar de pista ou fazer uma curva fechada.

Mesmo quando os outros já esqueceram e até mesmo você está dando a cara a tapa, ainda resta alguma coisa. A Coisa se torna uma referência no tempo, a fronteira invisível entre quem você era antes e quem é depois. Suas lembranças são divididas entre antes e depois da Coisa. Com sorte, você transforma a experiência em algo que, embora talvez ainda seja doloroso, também é uma fonte de força pessoal, uma prova de que você é o bastante, e com um pouco mais de empatia e compreensão isso pode te ajudar a se conectar com mais gente que passou por experiências similares ou outras dificuldades.

Como você sabe quem é depois da Coisa? Como passa de Ainda Vivo a Sobrevivendo e a uma Pessoa Normal? Que passos você dá para abandonar o medo, voltar a se sentir seguro e seguir a todo vapor? Esse processo é diferente para cada um. No meu caso, precisei de um longo tempo para me ver como mais do que uma experiência tenebrosa. Para compreender que sou definido pelo que permito que me defina, e para saber que mereço seguir em frente, por quanto tempo quiser, quando estiver pronto.

Talvez você já tenha vivido a Coisa. Talvez esteja vivendo a Coisa agora mesmo. Algumas Coisas são eventos globais, experiências que nos unem, mas nos impactam de maneira diferente. O que quer que a Coisa seja ou tenha sido, é você quem deve identificá-la, abraçá-la, dissecá-la, é você quem deve conviver com ela e depois seguir em frente. Você nunca voltará ao normal. Afinal, o que é o "normal"? Mas, ainda que o processo talvez não seja tão tranquilo quanto você gostaria, é possível se curar e passar à próxima coisa que *parece* normal.

Você sobreviveu à Coisa, e isso é uma prova da sua força. Vai sobreviver à sobrevivência também.

ACORDE E SINTA
O CHEIRO DAS
POSSIBILIDADES
INFINITAS.

A CURA MÁGICA NÃO COSTUMA EXISTIR, MAS PODE HAVER UM PLANO DE AÇÃO CLARO.

PASSO UM:
IDENTIFICAR A CARÊNCIA.

PASSO DOIS:
ESTABELECER PASSOS
(OU SEJA, UM PLANO).

PASSO TRÊS:
NÃO ESQUECER
O PASSO UM.

HÁ SEMPRE
OUTRA OPÇÃO.

QUANDO A RESPOSTA
NÃO ESTÁ CLARA,
REFORMULE
A PERGUNTA.

SE NÃO CONSEGUIR FAZER
SOZINHO, PEÇA AJUDA.

ENCONTRE UM CAMINHO
PARA ENCONTRAR
O SEU CAMINHO.

MEIO QUE CABE A VOCÊ
DETERMINAR EM QUE
CONSISTIRÁ SUA VIDA:

ILUMINAÇÃO? AMOR?
PODER? CONFORTO? NÃO
EXISTE RESPOSTA ERRADA,
E VOCÊ NÃO PRECISA
ESCOLHER UMA COISA SÓ.

IDENTIFIQUE O QUE É CERTO
PARA VOCÊ, DEPOIS ASSUMA
A RESPONSABILIDADE POR
ISSO ENQUANTO AVANÇA.

O MOMENTO
PERFEITO NÃO EXISTE.

VOCÊ NUNCA ESTARÁ
100% PRONTO.

AS COISAS ESTÃO
SEMPRE MUDANDO
(MAS TUDO BEM).

SÓ PARECE UMA ETERNIDADE ATÉ QUE VOCÊ CHEGUE AO OUTRO LADO.

ENCONTRANDO O SEU CAMINHO

Costumamos pensar em termos de momentos grandiosos, óbvios e definidores que vão se manifestar na nossa vida e nos forçar a escolher entre o bem e o mal ou quem somos e quem queremos ser. Mas, na minha vida pessoal, a maior parte das encruzilhadas com que deparei pareciam cruzamentos de uma cidade planejada. Continuo seguindo em frente a toda, com a música no máximo, olhando para o meu reflexo na vitrine das lojas? Viro para a esquerda? Viro para a direita? Escolhas simples se apresentavam repetidamente, um quarteirão após o outro. Mais ou menos as mesmas, de novo e de novo, com os resultados variando.

Há muitas maneiras diferentes de chegar ao mesmo lugar. O caminho reto pode ser mais fácil de visualizar, ou em L, mas ziguezaguear do ponto A ao B pode levar a uma variedade de distrações e experiências diferentes ao longo do percurso.

Um GPS bem-intencionado pode ter escolhido o caminho para você. Um atalho pode economizar tempo, um desvio pode levar a uma atração imperdível. Quaisquer indicações são corretas se ao final te levarem ao seu destino. Às vezes, elas são confusas e você acaba em outro lugar, mas um lugar que acaba sendo muito legal. Às vezes, você já está na metade do caminho quando se dá conta de que aquilo de que realmente precisava era ficar onde estava, por isso você volta, e tudo bem também.

Há um trecho de pista única em algum momento, de modo que você segue o mesmo caminho da sua mãe e da mãe da sua mãe, e encontra um conforto verdadeiro na sensação de tê-las consigo. O caminho nesse caso pode ser direto, mas prosseguir ainda é escolha sua. Avançar sempre depende de nós, ainda que as circunstâncias façam parecer que é uma questão de destino. Só você pode decidir se impulsionar ainda mais, se aventurar além do escopo de onde está agora e onde gostaria de estar a seguir. Você define a velocidade, usa seu meio de transporte preferido, escolhe a música.

A estrada adiante se revela sozinha, talvez não inteiramente, mas o bastante para você poder manter o foco. Existe um caminho, mas a parte que você conhece fica quase toda para trás. É você quem define o caminho a seguir.

O QUE VOCÊ ESTÁ ESPERANDO?

Algumas coisas são apenas questão de tempo, portanto é preciso ser paciente. Mas nosso tempo é limitado. Não sei dizer quanto tempo você tem. Só sei que ele é finito e em algum ponto vai se esgotar. Independente de tudo o que você queria realizar, todas as suas esperanças para o futuro, todo o bem que poderia e iria e deveria fazer, uma hora seu tempo estará acabado.

Então o que você está esperando?

Pode não haver um sinal claro e óbvio do universo se materializando na sua frente para anunciar que É HORA DE FAZER AQUELA COISA. Pode não haver uma força externa que te faça acordar dizendo AJA AGORA OU NÃO VAI TER COMO. Você pode não ter um momento "encontrei Jesus" (nem sei muito bem o que isso significa). Seus amigos talvez não te convençam a usar drogas e "se descobrir" na natureza (tampouco sei muito bem o que isso significa). É extremamente provável que nada aconteça e você passe toda a sua vida sabendo que tem essa outra coisa e aquela, mas nunca ir atrás delas.

Mudar é difícil. As coisas são difíceis. Mudar as coisas é difícil. Ser a pessoa que se levanta e diz "muito bem, chegou a hora" é difícil. Só que ninguém mais vai fazer isso por você. Provavelmente, em determinado momento da sua vida você vai saber que é a hora. E esse momento pode ser agora mesmo. O sinal do universo pode vir, pode dizer VOCÊ ESTÁ AQUI (POR ENQUANTO), e talvez seja só isso.

Chamados à ação vêm e vão em diferentes estágios da nossa vida. Na juventude, as opções costumam ser mais flexíveis, e temos múltiplas oportunidades de nos prepararmos para o sucesso posterior, mas não tiramos pleno proveito disso. No fim dos vinte, com os trinta chegando, você começa a se perguntar como vai ser a "transição para a vida adulta". De repente você faz 31 e se dá conta na mesma hora de que não é grande coisa, minha nossa, está tudo ótimo. Existem inúmeras outras marcas de referência que vêm e vão, fazendo o estardalhaço que você permitir. O tempo todo haverá novas ações ou mudanças a considerar. Nem todas são essenciais, e quase todas dependem de você.

Passamos tanto tempo nos preocupando com o dia a dia, mantendo a cabeça pra fora d'água, garantindo que as contas sejam pagas, as bocas sejam alimentadas e a família seja provida que a vida pode se tornar um borrão, com as semanas se transformando em meses. Parece que vai tudo bem, mas é difícil parar e confirmar isso.

Como estou me saindo neste momento? O que eu mudaria se pudesse? Quem eu seria se tivesse uma semana para reiniciar alguns processos que vêm funcionando sem parar há anos? Aonde eu iria se pudesse ir a qualquer lugar? Quando vou saber que cheguei?

Há muitas perguntas sem respostas garantidas, mas não se pode tentar respondê-las sem reservar um tempo para pensar. Imagine que você está caminhando em uma floresta e de repente chega a uma clareira serena, iluminada pelo sol. Dá para ver as árvores atrás de você e à sua frente, mas por alguns momentos há apenas céu aberto e brisa, e você está… presente. Enfim pode refletir sobre essas perguntas e até mais.

Encontre essa clareira. Encontre um lugar confortável. Encontre seu silêncio, o barulho do mar ou uma música que te relaxa (para mim, muitas vezes é o Boards of Canada, uma dupla de música eletrônica vagamente misteriosa do qual meu cérebro parece precisar para se acalmar). Encontre papel e lápis, porque escrever ajuda bastante quando você acha que teve uma epifania e no dia seguinte parece bobagem ou você esqueceu tudo. Vá a um lugar onde você possa ir a um lugar, então decida aonde precisa ir.

Ninguém vai aparecer para consertar sua vida por você. Ou talvez até venha, mas vai ser muito mais difícil para outra pessoa do que seria se você mesmo botasse a mão na massa. Esse é o sinal pelo qual você estava esperando. Esse é o sinal para fazer o que sabe que precisa fazer para si mesmo. Talvez você descubra que o que realmente precisa é algo em que não tinha pensado, mas não tem como saber até experimentar um pouco e ver o que funciona.

Comprometa-se a agir e veja aonde isso te leva.

É hora de começar.

FIM

* BRINCADEIRINHA

É CLARO QUE VOCÊ
PODE ENTERRAR
O QUE REALMENTE QUER
TÃO LÁ NO FUNDO
A PONTO DE QUASE
ESQUECER O QUE É.

VOCÊ PODE CONTINUAR
NO SEU RITMO ATUAL,
SE ESCONDER ATRÁS
DE UMA MÁSCARA
E FICAR NA DEFENSIVA,
ESPERANDO QUE
NINGUÉM NOTE.

MAS, NO FIM,
AS OUTRAS PARTES DA
SUA VIDA VÃO PARECER
INCOMPLETAS, NÃO
IMPORTA O QUANTO
VOCÊ TENTE
ENFEITÁ-LAS
OU SE DISTRAIR.

QUAL SERÁ
A SENSAÇÃO DE SER
TOTALMENTE
HONESTO CONSIGO
MESMO?

QUAL SERÁ
A SENSAÇÃO DE SER
TOTALMENTE
HONESTO COM
OS OUTROS?

QUAL SERÁ
A SENSAÇÃO DE SE
VER POR FORA
EXATAMENTE
COMO SE SENTE
POR DENTRO?

VOCÊ TEM
TUDO DE QUE
PRECISA.

PRESSIONE ESTA
PÁGINA COM AS
PONTAS DOS DEDOS.

VOCÊ ESTÁ AQUI.

ISTO É REAL.

OBRIGADO.

AGRADECIMENTOS

Passei um bom tempo pensando se este livro, e por extensão minha arte, mereciam existir. Papel e lápis são o bastante? Como o escrevi em 2020, refleti sobre o que significa ser verdadeiramente "essencial" para os outros.

Sempre que começo a questionar o valor de simples palavras, deparo com um dos meus aforismos escritos à mão, seja nas redes sociais ou em um post-it velho dentro de um caderno. Quando aparecem no momento certo, as palavras ajudam.

Espero que este livro possa oferecer encorajamento a todos que convivem com a dúvida, que seja um lembrete para todos que andam tão ocupados que esqueceram e que seja uma forma de reconhecimento verdadeiro para todos que tenham um monólogo interno um pouco parecido com o meu.

Este livro foi evoluindo ao longo dos anos e não existiria sem todas as pessoas que me encorajaram e foram bondosas comigo ao longo do caminho, quer tenham percebido que me faziam seguir em frente ou não.

Obrigado.

VOCÊ É UMA PESSOA INCRÍVEL E EMOTIVA, QUE SENTE SEUS SENTIMENTOS.

ÀS VEZES ISSO PODE SER IRRITANTE, MAS TAMBÉM É UM PODER SECRETO.

CONTINUE SENDO HUMANO.

TIPOGRAFIA ADAMJK e Baskerville
DIAGRAMAÇÃO Osmane Garcia Filho
PAPEL Alta Alvura, Suzano S.A.
IMPRESSÃO Geográfica, novembro de 2022

A marca FSC® é a garantia de que a madeira utilizada na fabricação do papel deste livro provém de florestas que foram gerenciadas de maneira ambientalmente correta, socialmente justa e economicamente viável, além de outras fontes de origem controlada.